ENCICLOPÉDIA DOS BOLOS

Dados Internacionais de Catalogação na Publicação (CIP)
(Câmara Brasileira do Livro, SP, Brasil)

Sommavilla, Otávia

Enciclopédia dos bolos: vol. 3, avançado / Otávia Sommavilla. – São Paulo: Editora Melhoramentos, 2019.

ISBN 978-85-06-08411-3

1. Bolos (Culinária) 2. Culinária 3. Gastronomia 4. Receitas I. Título.

18-23096 CDD-641.8653

Índices para catálogo sistemático:

1. Bolos: Receitas: Culinária: Economia doméstica 641.8653

Iolanda Rodrigues Biode – Bibliotecária – CRB-8/10014

Obra conforme o Acordo Ortográfico da Língua Portuguesa

Projeto gráfico e diagramação: Cris Viana – Estúdio Chaleira
Fotografia: Emiliano Boccato
Produção de fotografia: Otávia Sommavilla
Fotografia da autora: Henrique Peron
Fotografia pp. 126, 129, 137 e 149: Cristiano Lopes.
Tratamento de imagem: Robson Mereu - Estúdio M
Consultoria editorial gastronômica: André Boccato

A autora e a editora Melhoramentos agradecem a colaboração da loja Barradoce e da Blend Coberturas, que emprestaram materiais, e da loja Fêtes Locações, que emprestou todas as louças.

1ª edição, novembro de 2019
ISBN: 978-85-06-08411-3

Atendimento ao consumidor:
Caixa Postal 729 - CEP 01031-970
Sao Paulo - SP - Brasil
Tel.: (11) 3874-0880
sac@melhoramentos.com.br
www.editoramelhoramentos.com.br

Impresso na China

OTÁVIA SOMMAVILLA

ENCICLOPÉDIA DOS BOLOS

Vol. 3 - avançado

MELHORAMENTOS

SUMÁRIO

Técnicas e finalização

BOLOS Avançado

Técnicas e finalização

Chegamos ao terceiro volume desta coleção, e agora é hora de caprichar (ainda) mais na decoração!

Vamos explorar técnicas variadas para deixar o bolo muito especial.

Como no volume 2, vale lembrar que todas as recomendações anteriores sobre como preparar, assar e rechear massas continuam valendo. O enfoque agora será na finalização.

Haverá uma sugestão de massa e recheio a ser utilizada nos bolos decorados com pasta americana em cada tema, mas sinta-se livre para usar a combinação de sabores que mais agradar, desde que sejam receitas resistentes e que possam ficar em temperatura ambiente. Há mais informações no capítulo específico sobre pasta americana.

Leia atentamente o capítulo inicial, pois ele tem informações técnicas muito importantes sobre cada tópico.

PASTA AMERICANA

Há várias alternativas para cobertura e decoração de bolos, e uma opção bastante utilizada é a pasta americana, cujo ingrediente principal é o açúcar impalpável.

Uma grande vantagem de utilizá-la é a sua versatilidade para ser modelada, tingida e esculpida.

Além de decorar, a pasta americana reveste o bolo, mantendo-o úmido e fresco por mais tempo. Vale lembrar que, com exceção de algumas marcas importadas, a pasta geralmente é bastante sensível à umidade e, portanto, não deve ser armazenada na geladeira.

Existem várias marcas disponíveis no mercado, mas também é possível produzir a sua, com a receita a seguir.

Por ser uma receita sensível à umidade, a quantidade de açúcar impalpável é aproximada, variando de acordo com o clima. Em dias muitos úmidos, pode ser necessário acrescentar mais açúcar, até obter o ponto correto. Da mesma forma, em épocas secas ou em regiões de clima muito quente e seco, a receita pode chegar ao ponto correto com uma quantidade menor de açúcar.

Fique atento à consistência: a massa deve ser macia, encorpada e fácil de ser aberta com o rolo.

Ingrediente	Quantidade	Unidade de medida
Água	125	ml
Gelatina em pó	20	g
Glucose	100	g
Gordura vegetal	50	g
Açúcar impalpável	1.300	g

Rendimento: aproximadamente 1,5 kg

Polvilhe a gelatina sobre um recipiente refratário com a água e espere hidratar. Leve ao banho-maria até que se dissolva e fique transparente. Junte a gordura e a glucose e mexa, ainda em banho-maria. Tome cuidado para a mistura não aquecer demais.

Retire do fogo, espere amornar e despeje o açúcar impalpável peneirado aos poucos. Se desejar, quando obtiver um creme bastante espesso e branco, você pode guardar a pasta em potes bem fechados por até duas semanas na geladeira. Quando precisar usar, retire uma porção, espere chegar em temperatura ambiente e acrescente mais açúcar, até obter o ponto desejado.

Para obter a pasta americana para cobrir bolos, incorpore o açúcar aos poucos, até que a pasta fique homogênea e não grude na bancada nem nas mãos.

Mantenha-a sempre bem fechada em saco plástico.

Obs.: a quantidade de açúcar impalpável varia de acordo com a umidade ambiente.

COMO CALCULAR A QUANTIDADE DE PASTA AMERICANA PARA COBRIR UM BOLO?

Essa é uma questão difícil, pois isso varia de acordo com a qualidade da pasta, a experiência e a habilidade do confeiteiro.

Para uma camada de pasta americana caseira de aproximadamente 0,3 mm, um bolo redondo de 30 cm de diâmetro e 10 cm de altura requer que você utilize de 800 g a 900 g de pasta americana.

Mas se optar por utilizar pastas industrializadas modernas, que são bastante flexíveis, essa quantidade pode ser reduzida até pela metade.

Quanto menor sua experiência em cobrir bolos, mais fácil é partir de uma quantidade maior de pasta. Lembre-se de que as bordas e excessos de pasta sempre poderão ser reaproveitados.

ISOPOR

No caso de bolos decorados com pasta americana, especialmente com muitas camadas, é bastante comum que algumas partes sejam peças de isopor revestidas de pasta.

Se você pretende utilizar isopor em seu bolo, atente para as medidas indicadas no início de cada seção.

O procedimento para cobrir o isopor é semelhante ao usado para cobrir um bolo verdadeiro, com a diferença que o isopor deve ser umedecido com água antes de receber a pasta, para que ela cole. Utilize um pincel largo para tal.

MASSA ELÁSTICA

A massa elástica é utilizada sempre que precisarmos de uma espessura de pasta de açúcar muito fina, mas ao mesmo tempo bastante resistente depois de seca. É muito usada para confeccionar flores, por exemplo.

Ela seca muito rapidamente quando exposta ao ar e, por esse motivo, deve estar sempre muito bem vedada.

A massa pode ser encontrada pronta no mercado, mais firme ou mais macia, conforme seja a indicação para flores ou imitação de tecidos.

A receita a seguir é multiuso, podendo ser adaptada tanto para flores, tecidos, laços ou qualquer preparação que exija uma espessura bastante fina. Essa massa não serve para cobrir o bolo, pois, em contato com o ar, ela seca e endurece bastante.

Ingrediente	Quantidade	Unidade de medida
Açúcar refinado	140	g
Água	80	ml
Gelatina em pó sem sabor	7	g
Água	25	ml
Gordura vegetal	75	g
Glucose	60	g
Açúcar impalpável	300	g
CMC	10	g
Clara de ovo	70	g

Rendimento: 850 g em ponto de massa mãe.

Faça uma calda em ponto de fio usando os dois primeiros ingredientes.

Dissolva a gelatina nos 25 ml de água.

Junte a gordura e a glucose à calda e à mistura de gelatina. Junte também o açúcar peneirado com o CMC e as claras, sem bater.

Deixe a mistura descansar na geladeira por 24 horas antes de usar, a fim de se tornar elástica.

Nesse ponto (massa mãe), a massa pode ser guardada na geladeira.

No momento de usar, retire-a da geladeira, espere retornar à temperatura ambiente (coberta com um plástico) e acrescente açúcar até obter o ponto de sovar.

MASSA DE PASTILHAGEM

A massa de pastilhagem tem como característica principal a secagem completa, tornando-se extremamente resistente. É ideal para o preparo de construções, estruturas e até mesmo suportes para bolos. Nunca deve ser usada para cobrir bolos.

Durante seu manuseio, é fundamental que a massa fique coberta com plástico, para que ela não comece a secar e perca a textura.

Sempre recorte as peças na superfície em que ficarão secando, polvilhada com açúcar impalpável, para que as peças não se deformem.

Ingrediente	Quantidade	Unidade de medida
Gelatina em pó sem sabor	7	g
Água	100	g
Açúcar Impalpável	1.250	g

Rendimento: 1,250 kg de pastilhagem

Polvilhe a gelatina sobre a água e espere 5 minutos até que esteja totalmente hidratada. Em seguida leve ao banho-maria, para derreter a gelatina.

Juntar o açúcar aos poucos, até completar 250 g e ter o aspecto de um creme fluido. Neste ponto a massa poderá ser guardada na geladeira, em pote bem fechado, por duas semanas.

Quando for recortar as peças, retire uma porção da massa mãe, espere atingir a temperatura ambiente, e sove acrescentando mais açúcar, até obter o ponto. Amasse por 10 minutos, a fim de obter elasticidade. Ela deve ter a consistência semelhante à da pasta americana e não grudar nas mãos e na bancada.

GLACÊ REAL

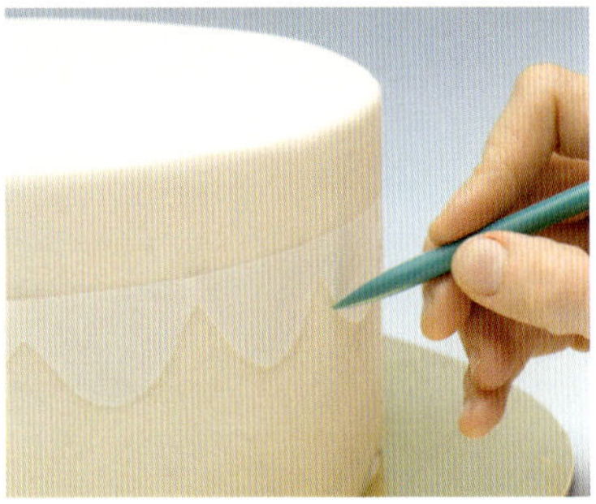

Fundamental na decoração de bolos, o glacê real é usado para acabamentos, detalhes e decorações diversas. Ele seca quando exposto ao ar e fica bastante firme e quebradiço. É muito usado como cola, principalmente em peças grandes.

Dependendo da decoração, podemos usar o glacê mais ou menos firme, mas em geral recomenda-se que ele seja batido por 5 minutos. Antes de realizar qualquer trabalho, é importante batê-lo novamente, para que ele fique no ponto correto. O glacê real clássico é um creme consistente, branco e opaco, que forma picos firmes nos batedores da batedeira.

Durante o tempo em que estiver trabalhando, o glacê real deve estar sempre coberto com um pano úmido. Para conservá-lo, deve ser guardado em potes hermeticamente fechados na geladeira. Sempre que for usado, deve ser batido novamente.

Se desejar usar o glacê real para cobrir totalmente um bolo, é importante acrescentar uma colher de chá de glicerina para fins alimentícios para cada receita, garantindo que ele não fique quebradiço.

Como a clara de ovos não é cozida, dê preferência ao glacê feito com claras pasteurizadas ou com um pó para preparo de glacê que contém claras e açúcar impalpável, para evitar qualquer tipo de contaminação. Nesses casos, siga as instruções do fabricante para reconstituir as claras ou fazer a receita do glacê real.

Ingrediente	**Quantidade**	**Unidade de medida**
Clara de ovo	35	g
Açúcar impalpável	250	g
Suco de limão coado ou ácido cítrico	15	g

Rendimento: 300 g.

Bata a clara, adicione o açúcar e, depois, o suco de limão ou ácido cítrico. Aumente a velocidade da batedeira e bata até ficar no ponto, que pode ser corrigido com gotas de limão ou um pouco mais de açúcar impalpável. Caso precise de glacê fluido, acrescente água até obter o ponto desejado.

O glacê real pode ser batido à mão. Caso use a batedeira, o batedor ideal é o de leque ou pá.

COMO RECHEAR E MONTAR O BOLO PARA DECORAÇÃO

Para que o seu bolo decorado tenha um acabamento impecável, o ponto de partida é o recheio. Quem já tem experiência com isso sabe que conseguir um bolo com laterais lisas e retinhas exige prática e atenção aos inúmeros detalhes.

Tudo começa com a massa e o recheio: apesar de existir uma certa dúvida sobre bolos decorados com pasta americana (secos, sem graça, pesados), isso não passa de preconceito, talvez fruto de alguma experiência ruim. Bolos decorados podem ser lindos e deliciosos.

Entretanto, nem toda massa ou recheio é indicado para esse trabalho. Prefira massas amanteigadas ou que tenham algum tipo de gordura nos ingredientes. O pão de ló clássico (ovos, açúcar e farinha) não tem a estrutura ideal para suportar tanta cobertura e decoração. Da mesma maneira, um chantili levíssimo não é indicado, por ser muito aerado e depender de refrigeração.

O uso de recheios que podem ser mantidos em temperatura ambiente por 2 dias é ideal: doce de leite, ganaches, compotas, buttercream em diversos sabores... Vale umedecer a massa com um pouquinho de alguma calda também, mas nada de encharcar o bolo.

Para uma aparência luxuosa, é interessante montar bolos altos. A altura padrão é de 10 cm, contando o bolo já recheado. Uma boa alternativa é montá-lo em uma fôrma de altura padrão revestida com uma tira de acetato de 10 cm de altura, funcionando como um "colarinho".

Por fim, vale lembrar que há inúmeras técnicas para rechear e cobrir bolos com pasta americana: alguns confeiteiros nem usam uma fôrma, mas montam o bolo diretamente em uma base, com um recheio já firme e uma boa espátula. Outros, além de colocar o bolo na fôrma, colocam um peso em cima.

O mesmo pode ser dito sobre tendências. A espessura da pasta americana foi drasticamente reduzida nos últimos anos, e atualmente é moda deixar as quinas em um ângulo reto. Pessoalmente, acho que os bolos ficam com uma aparência artificial, então deixo isso para bolos quadrados. Gosto de uma suave curva nas bordas dos bolos, mas, se você quiser quinas retas, a dica é fazer uma pré-cobertura absolutamente perfeita com ganache ou buttercream e um revestimento com uma camada fina de pasta. Depois disso, preste bastante atenção às quinas, usando uma dupla de pás alisadoras.

Acredito que não existe certo e errado, mas, sim, a técnica à qual você se adapta melhor e que proporciona os resultados que você deseja.

Com isso, mãos à obra! Teste todas e, quem sabe, você descobrirá sua própria técnica.

No passo a passo, apresento a clássica técnica de montagem usando uma fôrma ou aro. Como minhas massas não encolhem, uso-as do mesmo diâmetro que assei a massa, mas com altura de 10 cm. Costumo forrá-las com um plástico para alimentos aberto e alterno camadas de massa, calda e recheio.

Vale a pena pesar seus recheios e padronizar a quantidade por camada. Assim, você tem um bolo que, além de gostoso, é lindo na hora do corte.

Depois, leve o bolo à geladeira. Sempre o deixo lá por pelo menos 5 horas.

Feito isso, transfira o bolo para uma base de papelão ou outro material próprio para bolos decorados.

Para que o acabamento fique perfeito e a pasta americana "cole" no bolo, é necessário passar algum creme por toda a superfície do bolo. Já usei muito glacê real nessa etapa, mas atualmente prefiro uma boa ganache ou buttercream. Eles proporcionam um acabamento ainda melhor.

Abra a pasta americana em uma superfície levemente polvilhada com açúcar impalpável, até obter uma espessura de aproximadamente 3 a 4 milímetros. Enrole a pasta no rolo e desenrole sobre o bolo. Ajuste a base e alise o bolo com a ajuda das pás.

Ganache para pré-cobertura de bolos com pasta americana

INGREDIENTES

100 G DE CREME DE LEITE (LATA OU CAIXINHA)

300 G DE CHOCOLATE MEIO AMARGO PICADO EM PEDACINHOS

1. Aqueça o creme de leite até quase ferver e em seguida acrescente o chocolate picado. Mexa até que fique homogêneo.
2. Espere esfriar até que fique em temperatura ambiente e com consistência cremosa.

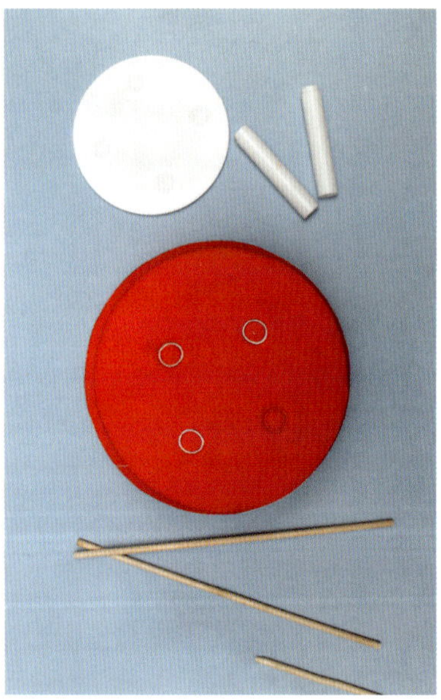

DICA: Essa ganache dura 5 dias. Em dias muito frios ela pode endurecer demais, e, para obter a consistência ideal para espalhar, basta levar ao banho-maria, mexendo, até que se torne cremosa novamente.

BOLOS DE ANDARES

Os bolos de andares devem ter uma estrutura muito bem feita para que não afundem nem entortem. Para tanto, atenção à parte interna: cada um dos bolos deve ser colocado sobre estacas próprias para bolos de andares. Existem várias opções de produtos para confeitaria no mercado, sendo as mais comuns as de plástico (parecidas com canos finos de PVC) e as de madeira.

Também existem os chamados "banquinhos", conjuntos de bases rígidas e colunas encaixáveis que proporcionam bastante segurança, e ainda kits completos para estruturar bolos de andares, que contam inclusive com uma coluna central de acrílico, encaixável nas bases de diâmetros decrescentes. Vale a pena pesquisar todas as opções e escolher a mais adequada para cada caso.

Como recomendação básica, considero importante que a base de cada bolo seja bem firme, para evitar que entortem. O método usado para estaquear os andares deve ser seguido em todos os níveis que terão peso em cima, e é aconselhável nunca transportar um bolo de andares verdadeiro horas depois de ser montado. É importante que haja tempo suficiente para que o glacê usado entre os andares esteja firme o suficiente e proporcione estrutura ao bolo, juntamente com as estacas. Por conta disso, prefiro cobrir o bolo e montar na véspera de fazer o acabamento e a entrega.

Uma outra recomendação interessante é que, se possível, no máximo dois andares verdadeiros sejam empilhados antes do transporte. Em casos de bolos muito grandes, esculpidos ou que precisem viajar, pode ser necessário confeccionar uma estrutura apropriada com um marceneiro, de modo que cada base tenha seu encaixe.

Cuide para que todas as partes em contato com o bolo sejam feitas de material próprio para contato com alimentos e de fácil limpeza. Para que o estaqueamento seja bem-sucedido, preste atenção na altura das estacas: quanto mais regular for o topo do bolo, melhor o resultado, mas, caso haja um leve desnível, meça a altura delas pela medida da parte mais alta do bolo e corte todas as outras do mesmo tamanho. Lembre-se de inseri-las apenas na parte que será coberta pelo bolo superior. Para facilitar esse processo, uma boa ideia é marcar o topo do bolo com uma base do mesmo diâmetro do bolo superior. Elas devem ter a mesma altura do bolo e ficar niveladas para que o bolo não fique torto.

É recomendável também levar sempre um kit com estecas, palitos de churrasco e um pouco de glacê e pasta usados na decoração para fazer pequenos reparos.

No veículo, dê preferência por transportar o bolo em superfície plana em vez de colocá-lo sobre os bancos, que sempre têm um desnível, e seja especialmente cuidadoso com freadas e curvas. Não deixe o bolo ao sol ou em ambientes muito quentes.

Também é recomendável protegê-lo colocando-o em uma caixa firme, protegendo as laterais de qualquer acidente.

COMO CALCULAR A QUANTIDADE IDEAL DE BOLO?

A resposta para essa pergunta depende muito do estilo da festa. Se o bolo for a estrela de uma recepção de casamento ao fim da tarde, acompanhado apenas de um bom espumante, pense em servir todos os convidados, literalmente. No caso de 200 convidados, 150 a 200 fatias, o que daria algo em torno de 15 a 20 kg de bolo.

Por outro lado, se fizer parte de uma festa de casamento que comece com um coquetel, seguida de jantar empratado ou bufê, várias opções de sobremesas e uma espetacular mesa de doces, reduza o tamanho do bolo. Em média, isso significa um cálculo para servir 35% dos convidados. Neste exemplo, de 200 convidados, eu sugeriria 70 fatias. Sempre vale a pena ter uma boa conversa com os noivos ou assessores, para entender todos estes detalhes e também considerar os gostos e costumes das pessoas envolvidas.

Considerando bolos montados com 10 cm de altura, confira a tabela a seguir com o rendimento dos tamanhos e formatos mais comuns.

Bolos redondos			
20 cm	25 cm	30 cm	35 cm
20 fatias	35 fatias	50 fatias	70 fatias
Bolos quadrados			
20 cm	25 cm	30 cm	35 cm
25 fatias	45 fatias	60 fatias	80 fatias

INGREDIENTES ESPECIAIS

Açúcar impalpável: Açúcar de cana, muito mais fino que o tradicional e com 3% de amido de milho. É fundamental para obtermos as texturas corretas das diversas pastas de açúcar que utilizamos na decoração de bolos. Muitas vezes chamado também de açúcar de confeiteiro, difere deste pela granulação ainda mais fina e pela presença do amido.

CMC (carboximetilcelulose): Espessante usado em alimentos industrializados e na decoração de bolos. O CMC também faz com que a pasta seque mais rápido e resista um pouco mais à umidade. Cuidado com o excesso.

Em épocas muito úmidas, é recomendável acrescentar CMC em toda a pasta que for usada para modelagem, para evitar que as peças amoleçam demais.

Para modelagem, recomendo 5 g de CMC para uma porção de 200 g de pasta americana. A pasta deve ser bem sovada, embalada em filme e saco plástico e deve descansar por 40 minutos, para ficar com uma textura mais firme.

Cola de CMC: Feita com 10 g de CMC para cada 250 ml de água. Os ingredientes devem ser misturados e a mistura deve descansar por 2 horas, para que fique homogênea. A cola deve ser guardada na geladeira em um recipiente tampado por até uma semana.

Glucose: Produto obtido a partir do milho. É usado na pasta americana e na massa elástica para torná-las mais flexíveis.

Corantes alimentícios: Os corantes em gel são os mais indicados para tingimento das pastas de açúcar e glacê real, uma vez que os líquidos podem alterar a consistência dos cremes e pastas. Os corantes em gel podem ser misturados a conhaque, rum ou vodca e usados como tinta para detalhes e acabamentos. Neste caso, não utilize álcool de cereais.

Por conta de sua formulação, os corantes em gel podem desbotar se expostos à luz, especialmente no caso de azul, rosa e roxo. Por esse motivo, caso seja necessário produzir peças nessas cores com antecedência, guarde-as ao abrigo da luz, de preferência em uma caixa de papelão.

Os corantes em pó (lipossolúveis) são usados para acabamentos (em geral nas peças secas) e para tingir pastas, desde que sejam de boa qualidade e se dissolvam facilmente. Os pós podem ser misturados a álcool de cereais ou bebidas de alto teor alcoólico, como conhaque e rum, e usados como tinta. É interessante utilizar corantes em pó no caso de cores que desbotam facilmente quando obtidas a partir de gel, como rosa e lilás.

Algumas cores são mais difíceis de serem obtidas, especialmente preto e vermelho. O melhor a fazer nestes casos é antecipar o tingimento das pastas, porque essas cores escurecem com o tempo. Assim, um tom de cinza-chumbo escuro tende a se tornar preto em algumas horas, por exemplo.

Há também canetinhas de corante comestível no mercado. São ótimas opções para escrita em geral e detalhes.

Glicerina: A glicerina bidestilada deve ser usada em locais de clima muito seco, para manter a pasta americana macia. Neste caso, entra na receita juntamente com a glucose e a gelatina, em pequenas quantidades (20 ml de glicerina para uma receita de rendimento de 2,5 kg de pasta americana). A glicerina também pode ser usada em pastas ressecadas, para reaproveitamento. Neste caso, use uma gota do ingrediente e algumas gotas de água morna e sove a pasta aos poucos.

Isomalt: Ingrediente substituto do açúcar, produzido a partir da beterraba, usado industrialmente em balas e doces dietéticos. Cristaliza menos que o açúcar comum e tem maior resistência à umidade, sendo muito usado na produção de esculturas para decoração.

MODELAGEM DE BONECOS

Muitos bolos são decorados com pequenas esculturas feitas artesanalmente, muitas vezes representando o aniversariante ou o homenageado na ocasião, e sempre fazem muito sucesso.

Um dos requisitos mais importante para uma boa modelagem é utilizar a pasta de açúcar adequada. Costumo usar uma mistura de pasta americana e 20% de massa elástica. Assim tenho a maciez da pasta americana com a secagem mais rápida e a resistência da massa elástica. Outra possibilidade é usar uma proporção de 5 g de CMC, na proporção de 5 g para cada 400 g de pasta americana.

Às vezes é necessário trabalhar em etapas, aguardando a secagem de alguma parte antes de prosseguir com o boneco. Essas etapas são importantes para evitar que os bonecos se deformem (por conta do peso da cabeça sobre o corpo, por exemplo) antes da secagem completa.

ENTREMETS

Mas, afinal, o que é um entremet? Não seria sinônimo de sobremesa?

A palavra "entremet" é antiga e por séculos significou uma pausa no meio de um longo banquete, muitas vezes com algum tipo de atração, como música ou dança, quando em geral era servida uma pequena porção de algum alimento exótico, diferente, instigante, muitas vezes adocicado. Atualmente, os confeiteiros usam o termo para definir bolos montados em muitas camadas de cores e texturas contrastantes e decoração bastante moderna.

Existem fôrmas específicas para o preparo de entremets disponíveis no mercado, feitas de silicone de alta qualidade, proporcionando excelente acabamento e facilitando o trabalho de rechear esses doces. Muitas fôrmas estão disponíveis em jogos de capacidades diferentes, facilitando assim a produção dos "inserts", ou camadas centrais dos entremets.

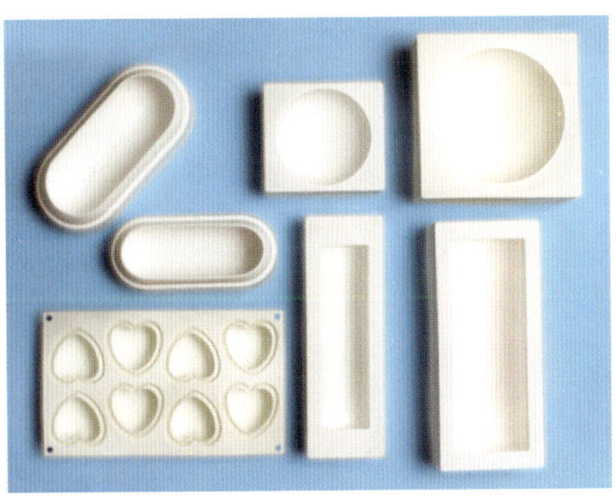

Caso este material não esteja disponível, um recurso a ser utilizado são os aros de diâmetros diferentes e congelar cada etapa antes da montagem, garantindo-se assim camadas bem definidas de cada uma das etapas.

Uma característica bem marcante dos entremets modernos é o acabamento com glaçagens coloridas. Todas as glaçagens utilizam gelatina sem sabor, e é muito importante escolher um produto de boa qualidade.

As gelatinas são classificadas de acordo com seu *bloom*, que designam sua força. Para uma glaçagem perfeita, utilize gelatinas com 200 bloom.

Outro ponto importante é que a glaçagem não pode ser "aerada", pois bolhas de ar impedem uma cobertura homogênea e brilhante. Por conta disso, não devem ser batidas demasiadamente. O equipamento ideal para homogeneizar uma glaçagem é o mixer.

Outro detalhe é que na maioria das receitas haverá uma sobra de glaçagem depois que o entremet for banhado. Isso é proposital, pois é importante trabalhar com uma quantidade maior da cobertura para que o banho seja perfeito. A sobra pode ser reutilizada, basta passar na peneira e conservar na geladeira por até 5 dias.

Para fazer a cobertura, apoie o entremet em uma base de papelão do tamanho exato do formato do doce e apoie-o sobre uma grade. Coloque a grade dentro de uma fôrma de bordas altas o suficiente para conter a glaçagem que vai escorrer.

Caso seja possível, o equipamento ideal para congelar o entremet é o ultracongelador. A rapidez no processo de congelamento minimiza a formação de cristais de gelo e resulta em um produto com maior qualidade.

Massa de gelatina

Muitas receitas de entremet utilizam a chamada massa de gelatina.

A massa de gelatina é preparada utilizando-se gelatina sem sabor em pó e água. A quantidade de água será 10% do peso da gelatina.

Desta forma, uma receita básica de massa de gelatina seria:

50 G DE GELATINA EM PÓ SEM SABOR

500 G DE ÁGUA

Pulverize a gelatina sobre a água e deixe descansar até que hidrate.

Conserve na geladeira por até uma semana.

Hidratando a gelatina em folhas

Nas receitas de entremets, muitas vezes usamos a gelatina sem sabor em folhas para dar consistência aos recheios e mousses que compõem o bolo.

Antes de acrescentá-la à receita, é necessário hidratar as folhas da forma correta: separe a quantidade de gelatina em folhas pedida na receita e coloque-as de molho em um pouco de água fria. Deixe que as folhas amoleçam, o que acontece rapidamente.

Em seguida, escorra as folhas e esprema-as bem, para retirar o excesso de água. Descarte a água e continue o processo de cada receita, que pode tanto pedir que as folhas hidratadas sejam derretidas separadamente ou acrescentadas a algum creme quente, para que derretam por completo.

DECORANDO ENTREMETS

Item dos mais importantes quando falamos em entremets, uma decoração bem feita começa com uma boa glaçagem, bem brilhante e uniforme.

Um dos fatores mais importantes para ser bem-sucedido nesse processo é a temperatura. Se por um lado a glaçagem deve estar em uma temperatura de aproximadamente 25 °C (salvo se indicado de forma diferente na receita), o entremet deve estar congelado, ou há pelo menos uma hora no congelador. Assim, vai ser possível realizar uma cobertura uniforme, brilhante e com boa fixação.

Além disso, é possível confeccionar decorações com açúcar ou chocolate para compor um resultado final interessante.

Espuma do mar

O entremet Trancoso recebe uma decoração feita de isomalt que evoca a espuma do mar, ao quebrar de uma onda. Ainda que tenha bastante efeito, é bem fácil de ser preparada.

300 G DE ISOMALT

30 G DE ÁGUA FILTRADA E FRIA

PAPEL PERGAMINHO

Recorte duas folhas de papel pergaminho de aproximadamente 30 cm × 40 cm e amasse-as com as mãos. Quanto mais amassadas, melhor. Abra-as e estique-as sobre uma superfície antiaderente, como um silpat.

Misture a água e o isomalt e leve ao fogo. Deixe ferver até atingir a temperatura de 170 °C.

Despeje cuidadosamente o isomalt, dividindo-o nas duas folhas. Sacuda cada uma segurando pelas pontas de uma das extremidades, de modo que o isomalt escorra e forme muitas bolhas ao percorrer o papel pergaminho. Deixe que esfrie e endureça.

Retire o papel cuidadosamente.

Cole no entremet com a cobertura recém-glaceada.

Plumas de chocolate branco

Derreta e tempere 250 g de chocolate branco. Se preferir, utilize cobertura de chocolate branco que não necessita temperagem.

Abra uma folha grande de papel-manteiga e, com a ponta de uma espátula angulada, forme as plumas: mergulhe a espátula no chocolate branco e passe a parte lisa sobre o papel-manteiga, em um movimento curto, de cima para baixo, desenhando a pluma. Deixe secar e endurecer e cole na lateral do entremet.

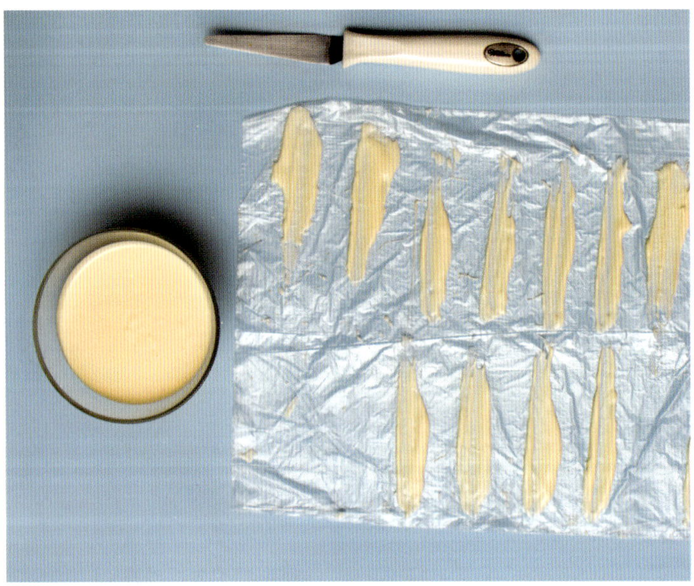

TEMPERAGEM DO CHOCOLATE

Para que o chocolate possa ser derretido e moldado nas mais variadas formas, é necessária sua temperagem.

A finalidade desse processo é garantir a correta cristalização da manteiga de cacau, com a formação dos chamados cristais "beta". Estes são estáveis, o que produz um chocolate denso, firme e brilhante.

Por outro lado, as coberturas de chocolate não necessitam de temperagem por não terem manteiga de cacau. Na sua composição são utilizadas gorduras vegetais, e ele rapidamente se solidifica em temperatura mais fria.

Há diversos métodos para temperagem do chocolate, e o descrito aqui é o mais simples.

É extremamente importante utilizar um termômetro de precisão (de preferência de leitura instantânea, como os de infravermelho) e também trabalhar em uma sala com temperatura de no máximo 21 °C.

Separe a quantidade de chocolate que será temperada. Preferencialmente, utilize chocolate em pellets (pequenas gotas). Se não estiver disponível, corte o chocolate em barra em pedaços pequenos e regulares.

Separe ¼ do peso do chocolate e derreta o restante. Para derreter, utilize um banho-maria, sendo que é muito importante que a água não ferva e que a tigela do chocolate não toque a água da panela. Esta etapa também pode ser feita no micro-ondas, desde que ele seja usado em intervalos muito curtos, para evitar que a temperatura do chocolate suba muito e ele queime.

Derreta o chocolate até que ele atinja a temperatura de 45 °C a 48 °C. Retire do banho-maria, ou do micro-ondas e imediatamente acrescente o chocolate reservado, mexendo continuamente. Mexa até que o chocolate atinja as seguintes faixas de temperatura:

30 a 32 °C para chocolate meio amargo
29 a 30 °C para chocolate ao leite
28 a 29 °C para chocolate branco

Quando o chocolate atingir a temperatura acima, está pronto para ser utilizado. Uma boa maneira de testar a temperagem é molhar a ponta de uma espátula no chocolate temperado e observar se ele se solidifica rapidamente.

Note que o chocolate temperado deve ser utilizado imediatamente, na faixa de temperatura correta. Caso ele se resfrie muito, coloque-o bem rapidamente no micro-ondas para atingir novamente a temperatura ideal para trabalhar.

CAKE POPS

Cake pops são bolinhos decorados e apresentados em palitos. Ótima sugestão para festas infantis, são muito decorativos e também servem para presentear.

Cada receita apresenta uma forma de fazer, que pode ser com migalhas de bolo ou mesmo com biscoito moído. Em todos os casos, é importante obter uma massa consistente, que possa ser modelada e banhada em chocolate.

Para facilitar o trabalho, pode ser usado chocolate tipo cobertura, que não necessita de temperagem.

Atente para o fato de que é imprescindível utilizar corantes específicos para tingir a cobertura de chocolate branco. Estes podem ser tanto os corantes próprios para chocolate como os corantes em pó lipossolúveis. Neste último caso, dissolva o corante previamente em uma pequena quantidade de manteiga de cacau derretida. Desta forma, será mais fácil obter uma coloração homogênea.

Outra dica que vale para todas as receitas: embora seja recomendado colocar os cake pops na geladeira antes de banhá-los, para que fiquem firmes e o processo seja mais fácil, é importante que eles não estejam congelados.

Caso estejam muito frios, a diferença de temperatura pode fazer com que os pirulitos rachem depois que o chocolate seca.

Para padronizar sua produção, cada cake pop deve ter 30 g antes de ser banhado no chocolate e 40 g depois de pronto. Uma boa ideia é pesar as bolinhas enquanto estiver modelando-as para, assim, poder fazer os ajustes necessários.

Receitas de Base

Cake pop

Para 25 unidades

INGREDIENTES

550 G DE BOLO PRONTO (ASSADO)

200 G DE RECHEIO DE CONSISTÊNCIA BEM FIRME (GANACHE, DOCE DE LEITE, BRIGADEIRO)

500 G DE COBERTURA DE CHOCOLATE (AO LEITE, MEIO AMARGO OU BRANCO)

25 PALITOS LONGOS DE MADEIRA (ESPETOS DE CHURRASCO)

A quantidade de cobertura para os 25 cake pops será de, aproximadamente, 300 g. Entretanto, é mais fácil trabalhar com uma quantidade um pouco maior, para facilitar o banho e depois reutilizar as sobras.

1. Esfarele o bolo com as mãos, ou, se ele for mais seco, utilize um processador de alimentos. É extremamente importante obter farelos muito pequenos, sem nenhum pedaço grande de massa.
2. Acrescente o recheio aos poucos. Dependendo da consistência, é possível que não seja necessário utilizar a receita inteira. O importante é obter uma massa úmida, que seja modelável com as mãos e permaneça no formato modelado.
3. Derreta a cobertura de chocolate em banho-maria, tomando cuidado com a umidade. Desligue a água do banho-maria antes que ferva e solte vapor. Misture para ficar homogêneo.
4. Mergulhe a ponta do palito na cobertura de chocolate e espete cada bolinha. Leve-a à geladeira por 30 minutos.
5. Para o banho, verifique se a cobertura ainda está derretida. Se necessário, aqueça em banho-maria novamente. Verifique a temperatura: o chocolate não pode estar quente, caso contrário o banho ficará muito fino e o acabamento não será bom.
6. Mergulhe as bolinhas na cobertura de chocolate, retire-as e gire o cake pop por alguns segundos enquanto a cobertura endurece um pouco, para que o banho fique bem homogêneo e o acabamento perfeito.
7. Espete em uma base de isopor ou apoie sobre uma assadeira forrada com papel-manteiga. Deixe secar e decore.

Cupcake clássico de baunilha

INGREDIENTES

420 G DE FARINHA DE TRIGO

1 PITADA DE SAL

400 G DE AÇÚCAR

15 G DE FERMENTO EM PÓ

200 G DE MANTEIGA SEM SAL EM TEMPERATURA AMBIENTE

4 OVOS

200 G DE LEITE

10 G DE EXTRATO DE BAUNILHA

1. Coloque a farinha, o sal, o açúcar e o fermento na tigela da batedeira. Use o batedor de pá ou raquete e bata apenas para misturar.
2. Acrescente a manteiga e bata por 1 minuto.
3. Adicione os ovos misturados ao leite e à baunilha e ligue a batedeira novamente, batendo até formar uma massa homogênea.
4. Distribua a massa nas forminhas de cupcake e leve ao forno por aproximadamente 30 minutos.

Bolo de baunilha com ganache de chocolate ao leite

INGREDIENTES

360 G DE FARINHA DE TRIGO

15 G DE FERMENTO EM PÓ

220 G DE MANTEIGA SEM SAL
EM TEMPERATURA AMBIENTE

400 G DE AÇÚCAR

4 OVOS

200 G DE LEITE

RECHEIO

400 G DE CREME DE LEITE PASTEURIZADO
(LATA OU CAIXINHA)

800 G DE CHOCOLATE AO LEITE PICADO

100 G DE CONFEITOS DE CHOCOLATE AO LEITE

1. Peneire a farinha com o fermento e reserve. Bata a manteiga com o açúcar até obter um creme. Acrescente os ovos, um a um.
2. Adicione a farinha peneirada alternando com o leite.
3. Despeje a massa em duas fôrmas redondas de 20 cm de diâmetro, untadas e enfarinhadas.
4. Leve ao forno preaquecido a 180 °C e asse até que, espetando um palito no centro, ele saia seco.
5. Deixe esfriar por 10 minutos e desenforme. Espere até que esteja totalmente frio e corte cada massa ao meio, no sentido horizontal, obtendo assim quatro camadas de bolo.

RECHEIO

Aqueça o creme de leite até quase ferver. Despeje sobre o chocolate ao leite, deixe descansar por 1 minuto e mexa com um fouet. Caso reste algum pedacinho de chocolate sem derreter, aqueça-o ligeiramente em banho-maria.

Bolo de chocolate com brigadeiro de pistache

INGREDIENTES

200 G DE CREME DE LEITE

10 G DE VINAGRE BRANCO

380 G DE FARINHA DE TRIGO

100 G DE CHOCOLATE EM PÓ

10 G DE FERMENTO EM PÓ

5 G DE BICARBONATO DE SÓDIO

200 G DE MANTEIGA SEM SAL EM TEMPERATURA AMBIENTE

400 G DE AÇÚCAR

2 OVOS

100 G DE CAFÉ COADO E FRIO

RECHEIO

1.180 G DE LEITE CONDENSADO

35 G DE MANTEIGA

150 G DE PISTACHE EM PEDACINHOS

35 G DE PASTA DE PISTACHE PURA

3 GEMAS

1. Misture o creme de leite e o vinagre. Reserve.
2. Peneire a farinha com o chocolate em pó, o fermento e o bicarbonato e reserve.
3. Bata a manteiga com o açúcar até que fique cremoso e adicione os ovos, um a um. Acrescente o creme de leite com vinagre, misture e em seguida adicione a farinha peneirada. Bata até ficar homogêneo e finalize com o café, batendo até misturar.
4. Coloque a massa em duas fôrmas redondas de 20 cm de diâmetro, untadas e enfarinhadas, e leve ao forno preaquecido a 180 °C por aproximadamente 45 minutos.

RECHEIO

Misture todos os ingredientes e leve ao fogo baixo, mexendo até que se desprenda do fundo e dos lados da panela. Deixe amornar.

Bolo de chocolate com ganache de chocolate meio amargo

INGREDIENTES

200 G DE CREME DE LEITE

10 G DE VINAGRE BRANCO

380 G DE FARINHA DE TRIGO

100 G DE CHOCOLATE EM PÓ

10 G DE FERMENTO EM PÓ

5 G DE BICARBONATO DE SÓDIO

200 G DE MANTEIGA SEM SAL EM TEMPERATURA AMBIENTE

400 G DE AÇÚCAR

2 OVOS

100 G DE CAFÉ COADO E FRIO

RECHEIO

500 G DE CREME DE LEITE PASTEURIZADO (LATA OU CAIXINHA)

600 G DE CHOCOLATE MEIO AMARGO EM PEDAÇOS

100 G DE COBERTURA DE CHOCOLATE MEIO AMARGO

1. Misture o creme de leite e o vinagre e reserve.
2. Peneire a farinha com o chocolate em pó, o fermento e o bicarbonato. Reserve.
3. Bata a manteiga com o açúcar até que fique cremosa e adicione os ovos, um a um. Acrescente o creme de leite com o vinagre, misture e adicione a farinha peneirada. Bata até que fique um creme homogêneo. Finalize adicionando o café e batendo até misturar.
4. Coloque a massa em duas fôrmas redondas de 20 cm de diâmetro, untadas e enfarinhadas, e leve ao forno preaquecido a 180 °C por aproximadamente 45 minutos.

RECHEIO

Aqueça o creme de leite até quase ferver e despeje-o sobre o chocolate picado. Aguarde um minuto e, com a ajuda de um fouet, mexa até ficar homogêneo. Caso reste algum pedacinho de chocolate, aqueça a mistura em banho-maria.

Bolo bicho de pé

INGREDIENTES

200 G DE MANTEIGA SEM SAL EM TEMPERATURA AMBIENTE

450 G DE AÇÚCAR

5 G DE EXTRATO DE BAUNILHA

5 OVOS

400 G DE FARINHA DE TRIGO

10 G DE FERMENTO EM PÓ

1 PITADA DE SAL

200 G DE LEITE INTEGRAL

RECHEIO

1.200 G DE LEITE CONDENSADO

80 G DE PÓ PARA REFRESCO SABOR MORANGO

45 G DE MANTEIGA

60 G DE CREME DE LEITE

3 GEMAS

1. Bata a manteiga com 400 g de açúcar e baunilha até obter um creme fofo e claro. Acrescente as gemas e bata bem. Peneire a farinha com o fermento e o sal e reserve.
2. Adicione a farinha alternando com o leite e bata apenas até ficar homogêneo.
3. Bata as claras em neve separadamente, acrescente os 50 g de açúcar restantes aos poucos e bata por mais 5 minutos.
4. Delicadamente, incorpore o merengue à massa de bolo, com movimentos suaves de baixo para cima.
5. Divida a massa em três fôrmas redondas de 20 cm de diâmetro, untadas e enfarinhadas. Leve ao forno preaquecido a 180 °C e asse até que, espetando um palito, ele saia seco.
6. Retire do forno, deixe esfriar por 10 minutos, desenforme e espere esfriar totalmente.

RECHEIO

1. Misture todos os ingredientes e leve ao fogo baixo, mexendo continuamente até a mistura descolar dos lados e do fundo da panela.
2. Deixe esfriar e recheie o bolo com o doce.

Bolo de baunilha com doce de leite e ameixa

INGREDIENTES

380 G DE FARINHA DE TRIGO

10 G DE FERMENTO EM PÓ

220 G DE MANTEIGA EM TEMPERATURA AMBIENTE

5 G DE EXTRATO DE BAUNILHA

400 G DE AÇÚCAR

4 OVOS

200 G DE LEITE INTEGRAL

RECHEIO

200 G DE AMEIXA SECA SEM CAROÇO

50 G DE ÁGUA

10 G DE AÇÚCAR

400 G DE DOCE DE LEITE

2 GEMAS

100 G DE CREME DE LEITE FRESCO

1. Peneire a farinha com o fermento e reserve.
2. Bata a manteiga, a baunilha e o açúcar até obter um creme. Acrescente os ovos, um a um.
3. Adicione a farinha alternando com o leite e bata para que fique tudo homogêneo.
4. Transfira a massa para três fôrmas redondas de 20 cm de diâmetro, untadas e enfarinhadas, e leve ao forno preaquecido a 180 °C até que, espetando um palito, ele saia seco.
5. Deixe esfriar por 10 minutos, desenforme e espere esfriar totalmente.

RECHEIO

1. Misture as ameixas picadas com a água e o açúcar e leve ao fogo para hidratar.
2. Deixe cozinhar até que a água seque. Reserve.
3. Misture o doce de leite com as gemas e o creme de leite fresco e leve ao fogo baixo. Espere ferver e cozinhe por 10 minutos, para que fique consistente.
4. Misture as ameixas e retire do fogo. Deixe esfriar.

Naked cake de limão-siciliano

MASSA

380 G DE FARINHA DE TRIGO

15 G DE FERMENTO EM PÓ

35 G DE SEMENTES DE PAPOULA

200 G DE MANTEIGA SEM SAL
EM TEMPERATURA AMBIENTE

400 G DE AÇÚCAR

RASPAS DA CASCA DE 2 LIMÕES-SICILIANOS

4 OVOS

200 G DE LEITE INTEGRAL

30 G DE SUCO DE LIMÃO-SICILIANO

CALDA DE LIMÃO-SICILIANO

40 G DE SUCO DE LIMÃO-SICILIANO

130 G DE ÁGUA

35 G DE AÇÚCAR

1. Peneire a farinha com o fermento e adicione as sementes de papoula. Reserve.
2. Bata a manteiga com o açúcar e as raspas de limão até que fique bem cremoso e adicione os ovos um a um, batendo bem após cada adição.
3. Adicione a farinha reservada (em três adições) alternando com o leite.
4. Desligue a batedeira e, com uma espátula de silicone, adicione o suco de limão e misture.
5. Despeje a massa em três fôrmas redondas de 20 cm de diâmetro, untadas e enfarinhadas, e leve ao forno preaquecido a 180 °C por aproximadamente 40 minutos.
6. Retire do forno, deixe amornar, desenforme e espere esfriar totalmente.

CALDA DE LIMÃO-SICILIANO

Leve os ingredientes ao fogo em uma panela pequena e deixe levantar fervura. Desligue e deixe que esfrie para utilizar.

Naked cake Casadinho

INGREDIENTES

540 G DE FARINHA DE TRIGO

20 G DE FERMENTO EM PÓ

300 G DE MANTEIGA EM TEMPERATURA AMBIENTE

600 G DE AÇÚCAR

10 G DE EXTRATO DE BAUNILHA

4 OVOS

300 G DE LEITE INTEGRAL

RECHEIO DE BRIGADEIRO

790 G DE LEITE CONDENSADO

40 G DE MANTEIGA

300 G DE CHOCOLATE MEIO AMARGO

50 G DE CREME DE LEITE FRESCO

RECHEIO DE BRIGADEIRO BRANCO

790 G DE LEITE CONDENSADO

40 G DE MANTEIGA

4 GEMAS

50 G DE CREME DE LEITE FRESCO

1. Peneire a farinha com o fermento e reserve.
2. Bata a manteiga com o açúcar e a baunilha até que fique bem fofa e clara. Adicione os ovos um a um, batendo após cada adição. Acrescente a farinha, alternando com o leite, em três adições. Bata apenas até ficar homogêneo.
3. Distribua a massa em três fôrmas redondas de 20 cm de diâmetro, untadas e enfarinhadas, e leve ao forno a 180 °C até que, espetando um palito, ele saia seco.

RECHEIO DE BRIGADEIRO

Leve os ingredientes ao fogo e cozinhe em fogo baixo, mexendo sempre, até que desprenda dos fundos e lados da panela. Despeje em uma tigela untada com manteiga e deixe que esfrie.

RECHEIO DE BRIGADEIRO BRANCO

Leve todos os ingredientes ao fogo baixo, mexendo até desprender dos fundos e lados da panela. Despeje em uma tigela untada com manteiga e deixe que esfrie.

Bolo de pistache, laranja e cardamomo

INGREDIENTES

100 G DE FARINHA DE PISTACHE

280 G DE FARINHA DE TRIGO

1 PITADA DE SAL

1 PITADA DE CARDAMOMO

5 G DE FERMENTO EM PÓ

200 G DE MANTEIGA SEM SAL

300 G DE AÇÚCAR

RASPAS DA CASCA DE UMA LARANJA

3 OVOS

200 G DE LEITE

1. Peneire as farinhas, o sal, o cardamomo e o fermento.
2. Bata a manteiga com o açúcar e as raspas de laranja até obter um creme. Acrescente os ovos, um a um. Adicione a mistura de farinhas alternando com o leite e bata apenas até ficar homogêneo.
3. Despeje a massa em duas fôrmas redondas de 20 cm de diâmetro, untadas e enfarinhadas, e leve ao forno preaquecido a 180 °C até que, espetando um palito, ele saia seco.
4. Prepare o recheio.

RECHEIO

1 receita de buttercream de pistache (ver receita na p. 34).

Carrot Cake

O tradicional bolo de cenoura americano leva muitas especiarias. Nele, a cenoura é ralada, e não batida no liquidificador como fazemos por aqui. O bolo também é sempre acompanhado de recheio e cobertura de cream cheese. A receita original leva buttermilk, ou leitelho. No Brasil, não encontramos esse ingrediente, mas ele pode ser facilmente substituído por leite azedado com vinagre ou suco de limão.

INGREDIENTES

10 G DE VINAGRE BRANCO

200 G DE LEITE

420 G DE FARINHA DE TRIGO

5 G DE CANELA EM PÓ

2 G DE NOZ-MOSCADA RALADA

15 G DE FERMENTO EM PÓ

5 G DE BICARBONATO DE SÓDIO

4 OVOS

200 G DE AÇÚCAR

165 G DE AÇÚCAR MASCAVO

170 G DE ÓLEO

450 G DE CENOURAS RALADAS NO RALADOR MAIS FINO, EM TIRAS LONGAS

120 G DE NOZES PICADAS

RECHEIO

200 G DE MANTEIGA SEM SAL EM TEMPERATURA AMBIENTE

10 G DE EXTRATO DE BAUNILHA

450 G DE CREAM CHEESE EM TEMPERATURA AMBIENTE

420 G DE AÇÚCAR IMPALPÁVEL

1. Misture o vinagre ao leite e reserve.
2. Peneire a farinha, as especiarias, o fermento e o bicarbonato em uma tigela. Reserve.
3. Bata os ovos com os dois tipos de açúcar e o óleo até que fique bem aerado e pálido.
4. Junte a mistura de ovos à farinha peneirada aos poucos, alternando com a cenoura e o leite. Misture tudo até ficar homogêneo e não bata a mistura. Acrescente as nozes.
5. Despeje em 3 assadeiras de 20 cm de diâmetro, untadas e forradas com papel-manteiga untado.
6. Leve ao forno preaquecido a 180 °C e asse por aproximadamente 1 hora, ou até que, espetando um palito, ele saia seco.

RECHEIO

1. Bata a manteiga com a baunilha, acrescente o cream cheese, misture e adicione o açúcar impalpável aos poucos, até ficar cremoso e encorpado.
2. Em dias muito quentes, deixe a mistura descansar na geladeira por 30 minutos antes de utilizar.

Bolo de damasco

INGREDIENTES

360 G DE FARINHA DE TRIGO

15 G DE FERMENTO EM PÓ

220 G DE MANTEIGA SEM SAL
EM TEMPERATURA AMBIENTE

400 G DE AÇÚCAR

4 OVOS

200 G DE LEITE

RECHEIO

200 G DE DAMASCO TURCO

200 G DE DAMASCO AMERICANO (AZEDO)

100 G DE ÁGUA

790 G DE LEITE CONDENSADO

40 G DE CREME DE LEITE

3 GEMAS

20 G DE MANTEIGA SEM SAL

1. Peneire a farinha com o fermento e reserve.
2. Bata a manteiga com o açúcar até obter um creme. Acrescente os ovos, um a um.
3. Adicione a farinha peneirada alternando com o leite.
4. Despeje a massa em duas fôrmas redondas de 20 cm de diâmetro, untadas e enfarinhadas.
5. Leve ao forno preaquecido a 180 °C e asse até que, espetando um palito no centro, ele saia seco.
6. Deixe esfriar por 10 minutos e desenforme. Espere esfriar totalmente e corte cada massa ao meio, no sentido horizontal, obtendo assim 4 camadas de bolo.

RECHEIO

1. Pique os dois tipos de damasco em pedaços pequenos e leve-os ao fogo com a água, cozinhando até que fiquem bem macios e a mistura se pareça com uma geleia bem consistente. Reserve e deixe esfriar.
2. Separadamente, leve ao fogo os demais ingredientes e cozinhe em fogo baixo, mexendo constantemente até a mistura se desprender do fundo e dos lados da panela.
3. Desligue, misture a geleia de damasco e deixe que esfrie.

MONTAGEM

1. Monte o bolo com um aro de 20 cm de diâmetro e 10 cm de altura, alternando camadas de massa e recheio.
2. Umedeça a massa com a calda básica.
3. Deixe na geladeira por 4 horas.

Coberturas, calda e recheios

BUTTERCREAM DE BAUNILHA

INGREDIENTES

250 G DE MANTEIGA SEM SAL EM TEMPERATURA AMBIENTE

5 G DE EXTRATO DE BAUNILHA

1 FAVA DE BAUNILHA

3 CLARAS

150 G DE AÇÚCAR

Bata a manteiga e o extrato de baunilha na batedeira com o batedor raquete até que fique cremosa. Abra a fava de baunilha pelo sentido do comprimento e, com a ponta da faca, raspe as sementinhas e acrescente à manteiga. Guarde a fava e utilize-a oportunamente em outras receitas. Cozinhe as claras com o açúcar em banho-maria, batendo vigorosamente com um fouet até que espume e atinja a temperatura de 65 °C (bem quente ao toque).

Despeje na batedeira e bata (com o batedor globo) em velocidade média-alta até que esfrie e forme um merengue. Diminua a velocidade da batedeira e acrescente a manteiga aos poucos, batendo em velocidade baixa até obter uma mistura cremosa e homogênea.

BUTTERCREAM DE CHOCOLATE

INGREDIENTES

150 G DE CHOCOLATE MEIO AMARGO PICADO

60 G DE CREME DE LEITE FRESCO

Ferva o creme de leite fresco e despeje sobre o chocolate picado. Deixe descansar por 1 minuto e mexa com um fouet até o chocolate derreter. Espere esfriar e misture ao buttercream.

BUTTERCREAM DE PISTACHE

INGREDIENTES

60 G DE PASTA OU MANTEIGA DE PISTACHE INTEGRAL (FEITA COM PISTACHE PROCESSADO E SEM AROMATIZANTES)

100 G DE PISTACHE SEM SAL EM PEDAÇOS

Misture a pasta de pistache ao buttercream e acrescente o pistache picado.

CALDA BÁSICA

INGREDIENTES

250 G DE ÁGUA

100 G DE AÇÚCAR

Leve os ingredientes ao fogo e deixe ferver. Retire, espere esfriar e conserve na geladeira.

Obs.: O ideal é usar 25 g de calda básica em cada camada de massa. A calda pode ser armazenada refrigerada, em recipiente tampado, por até 5 dias, e ser usada quando necessário.

GANACHE DE CHOCOLATE MEIO AMARGO

INGREDIENTES

250 G DE CREME DE LEITE PASTEURIZADO (LATA OU CAIXINHA)

300 G DE CHOCOLATE MEIO AMARGO

Aqueça o creme de leite até quase o ponto de fervura. Despeje sobre o chocolate picado em pedacinhos. Aguarde um minuto e comece a mexer com a ajuda de um fouet. Mexa até ficar homogêneo. Caso reste algum pedacinho de chocolate sem derreter, aqueça a mistura em banho-maria.

GANACHE DE CHOCOLATE AO LEITE

INGREDIENTES

200 G DE CREME DE LEITE PASTEURIZADO (LATA OU CAIXINHA)

400 G DE CHOCOLATE AO LEITE

Aqueça o creme de leite até quase o ponto de fervura. Despeje sobre o chocolate ao leite picado em pedacinhos. Aguarde 1 minuto e comece a mexer com a ajuda de um fouet. Mexa até que esteja homogêneo. Caso reste algum pedacinho de chocolate sem derreter, aqueça a mistura em banho-maria.

BOLOS *e entremets*

COM COBERTURA SIMPLES, RECHEADOS
OU COM TÉCNICAS DIFERENCIADAS.

INGREDIENTES

170 G DE ÓLEO

200 G DE AÇÚCAR

80 G DE CHOCOLATE EM PÓ

250 G DE LEITE INTEGRAL

2 OVOS

320 G DE FARINHA DE TRIGO

5 G DE FERMENTO EM PÓ

GANACHE DE CEREJA

250 G DE CHOCOLATE MEIO AMARGO

100 G DE CREME DE LEITE FRESCO

150 G DE CEREJAS PICADAS

RECHEIO DE CHANTILI

300 G DE CREME DE LEITE FRESCO BEM GELADO

50 G DE AÇÚCAR

DECORAÇÃO

150 G DE CHOCOLATE MEIO AMARGO TEMPERADO (VER NA P. 19)

50 G DE RASPAS DE CHOCOLATE

CEREJA EM CALDA COM CABINHO

Bolo Floresta Negra

Esta receita é clássica. Tradicionalmente, o bolo de chocolate é recheado com creme chantili e cerejas, mas prefiro incluir uma camada de ganache de chocolate meio amargo e cerejas. Caso esteja na época, pode ser feito com cerejas frescas, ou estas podem ser substituídas por cerejas em calda de qualidade.

1. Bata o óleo, o açúcar, o chocolate em pó, o leite e os ovos no liquidificador.
2. Separadamente peneire a farinha com o fermento. Despeje a mistura de óleo e ovos e, com a ajuda de um fouet, mexa delicadamente até ficar homogêneo.
3. Divida a massa em 4 fôrmas redondas de 15 cm de diâmetro e fundo falso, untadas e enfarinhadas.
4. Leve ao forno preaquecido a 180 °C e asse até que, espetando um palito, ele saia seco.

GANACHE DE CEREJA

1. Pique o chocolate e reserve.
2. Aqueça o creme de leite fresco até quase ferver e despeje sobre o chocolate.
3. Espere 5 minutos e mexa bem, até que fique homogêneo.
4. Misture as cerejas.

RECHEIO DE CHANTILI

Na batedeira, bata o creme de leite até começar a ficar cremoso e acrescente o açúcar. Bata até o ponto de chantili.

MONTAGEM

1. Em um aro de 15 cm de diâmetro e 10 cm de altura forrado com plástico (conforme técnica na p. 11), coloque uma camada de massa de chocolate, umedeça com a calda básica, espalhe metade da ganache, coloque outra camada de massa de chocolate, um terço do creme chantili, outra camada de massa, o restante da ganache e finalize com mais uma camada de massa, umedecendo novamente.
2. Leve à geladeira por pelo menos 5 horas.

DECORAÇÃO

1. Espalhe uma camada uniforme de chocolate temperado em uma tira de acetato com 11 cm de largura e aproximadamente 45 cm de comprimento, suficiente para envolver o bolo.
2. Deixe o chocolate cristalizar e retire o acetato com cuidado.
3. Decore o topo com as raspas de chocolate e a cereja em calda.

INGREDIENTES

180 G DE FARINHA DE TRIGO

5 G DE FERMENTO EM PÓ

250 G DE AÇÚCAR

1 PITADA DE SAL

120 G DE ÁGUA

10 G DE CAFÉ SOLÚVEL

75 G DE ÓLEO

5 GEMAS

10 G DE EXTRATO DE BAUNILHA

5 CLARAS

100 G DE FARINHA DE AMÊNDOAS

CALDA DE CAFÉ

120 ML DE ÁGUA

10 G DE CAFÉ SOLÚVEL INSTANTÂNEO

40 G DE AÇÚCAR

40 G DE LICOR DE CAFÉ

RECHEIO DE BUTTERCREAM

250 G DE MANTEIGA SEM SAL EM TEMPERATURA AMBIENTE

1 FAVA DE BAUNILHA

5 G DE EXTRATO DE BAUNILHA

3 CLARAS

150 G DE AÇÚCAR

COBERTURA DE GANACHE DE CHOCOLATE MEIO AMARGO

120 ML DE CREME DE LEITE FRESCO

200 G DE CHOCOLATE MEIO AMARGO PICADO

Bolo Ópera

Famosa receita da confeitaria francesa reinterpretada como um delicioso bolo.

1. Peneire a farinha, o fermento, o açúcar e o sal. Reserve.
2. Misture a água, o café solúvel, o óleo, as gemas e a baunilha.
3. Faça uma depressão na mistura de farinha e acrescente os líquidos aos poucos, mexendo com um fouet até obter uma massa lisa e brilhante.
4. Separadamente, bata as claras em neve firme e misture-as delicadamente à massa. Acrescente a farinha de amêndoas e misture.
5. Divida a massa em duas fôrmas redondas de fundo falso com 20 cm de diâmetro, untadas e polvilhadas com farinha. Leve ao forno preaquecido a 180 °C e asse por aproximadamente 40 minutos.

CALDA DE CAFÉ

1. Misture os primeiros três ingredientes e leve ao fogo até ferver.
2. Acrescente o licor de café e deixe esfriar.

RECHEIO DE BUTTERCREAM

1. Bata a manteiga com uma colher até que esteja macia e acrescente as sementes da fava de baunilha (abra a fava pelo sentido do comprimento e, com a ponta de uma faca, raspe todas as sementes). Junte também o extrato de baunilha e reserve.
2. Leve as claras com o açúcar ao fogo em banho-maria e bata sem parar com um fouet. Deixe cozinhar até atingir a temperatura de 70 °C, ou até que fique bem quente ao toque.
3. Transfira para uma batedeira e bata até esfriar e adquirir a consistência de um merengue macio.
4. Acrescente a manteiga aos poucos e diminua a velocidade da batedeira, batendo até incorporar toda a manteiga. Note que a mistura inicialmente terá um aspecto talhado, mas basta continuar batendo para que fique cremosa e homogênea.

COBERTURA DE GANACHE DE CHOCOLATE MEIO AMARGO

Aqueça o creme de leite até ferver, despeje no chocolate picado e mexa até que fique homogêneo. Espere esfriar e encorpar ligeiramente.

MONTAGEM

1. Com uma faca longa de serra, corte cada bolo em duas camadas.
2. Reserve 200 g do buttercream para a decoração do bolo.
3. Em um aro de 20 cm de diâmetro e 10 cm de altura forrado com plástico (conforme técnica da p. 11), alterne camadas de massa e buttercream, sempre umedecendo a massa com a calda de café.
4. Leve à geladeira por pelo menos 3 horas.
5. Retire do aro, cubra as laterais com o buttercream reservado e o topo com a ganache.

INGREDIENTES

200 G DE FARINHA DE AMÊNDOAS

150 G DE FARINHA DE AVELÃS

40 G DE FARINHA DE TRIGO

8 CLARAS

300 G DE AÇÚCAR

RECHEIO DE CHOCOLATE

350 G DE CHOCOLATE MEIO AMARGO

150 G DE CREME DE LEITE FRESCO

RASPAS DE CHOCOLATE E AMÊNDOAS TOSTADAS PARA DECORAR

RECHEIO DE PRALINÉ

250 G DE MANTEIGA SEM SAL EM TEMPERATURA AMBIENTE

1 FAVA DE BAUNILHA

5 G DE EXTRATO DE BAUNILHA

3 CLARAS

150 G DE AÇÚCAR

80 G DE PASTA INTEGRAL DE AVELÃS

La Marjolaine

Célebre receita francesa criada pelo confeiteiro Fernand Point, aqui reinterpretada de um jeito simples e delicioso.

1. Misture as farinhas de amêndoa, de avelã e de trigo e reserve.
2. Bata as claras em neve, misture o açúcar aos poucos e continue batendo até que fique firme e brilhante.
3. Desligue a batedeira e acrescente a mistura de farinhas em movimentos suaves, de baixo para cima, utilizando uma espátula.
4. Divida a massa em 4 assadeiras pequenas retangulares rasas, untadas e enfarinhadas e com o fundo forrado com papel-manteiga. Leve ao forno e asse até dourar.
5. Retire do forno, espere amornar e desenforme.

RECHEIO DE CHOCOLATE

1. Corte o chocolate meio amargo em pedacinhos e reserve.
2. Aqueça o creme de leite até ferver, retire do fogo, aguarde 2 minutos e despeje no chocolate picado. Deixe repousar por alguns segundos e em seguida comece a mexer delicadamente até que todo o chocolate esteja dissolvido.

RECHEIO DE PRALINÉ

1. Bata a manteiga com uma colher até que esteja macia e acrescente as sementes da fava de baunilha (abra a fava pelo sentido do comprimento e, com a ponta de uma faca, raspe todas as sementes). Junte também o extrato de baunilha e reserve.
2. Leve as claras com o açúcar ao banho-maria e bata sem parar com um fouet. Deixe cozinhar até atingir a temperatura de 70 °C, ou até que fique bem quente ao toque.
3. Transfira para uma batedeira e bata até a mistura esfriar e adquirir a consistência de um merengue macio.
4. Acrescente a manteiga aos poucos e diminua a velocidade da batedeira, batendo até incorporar toda a manteiga. Note que a mistura inicialmente terá um aspecto talhado, mas basta continuar batendo para que fique cremosa e homogênea.
5. Retire da batedeira e acrescente o praliné.

MONTAGEM

1. Reserve 1/3 do creme de chocolate para a finalização.
2. Em um aro retangular com as mesmas medidas das assadeiras utilizadas, faça a montagem, intercalando camadas de massa, creme de chocolate e creme de praliné. Leve à geladeira por 24 horas.
3. Faça 2 camadas de creme de praliné e uma camada de creme de chocolate.
4. Desenforme, cubra com o creme de chocolate reservado e decore com raspas de chocolate e amêndoas tostadas.

Bûche de Noël

Tradicional bolo de Natal francês, é na verdade uma espécie de rocambole. Nesta versão ganha um recheio de castanhas e chocolate.

INGREDIENTES

4 OVOS

100 G DE AÇÚCAR

100 G DE FARINHA DE TRIGO

30 G DE MANTEIGA SEM SAL, DERRETIDA E FRIA

RECHEIO

350 G DE PURÊ DE CASTANHAS PORTUGUESAS

50 G DE AÇÚCAR DE CONFEITEIRO

250 G DE CREME DE LEITE FRESCO

1. Bata as gemas com o açúcar até que a mistura fique fofa e clara. Acrescente a farinha peneirada aos poucos, mexendo com a ajuda de um fouet. Por fim, adicione as claras batidas em neve e a manteiga derretida, mexendo delicadamente.
2. Com uma espátula, espalhe a massa em uma assadeira retangular lisa e baixa, própria para rocambole, forrada com papel-manteiga untado, e leve ao forno preaquecido a 200 °C por 8 minutos, ou até que esteja crescida e assada. Não deixe a massa dourar.
3. Retire do forno e vire a massa em uma superfície forrada com uma folha de papel-manteiga. Cubra a massa com papel-manteiga e, por cima, um pano de prato umedecido. Espere esfriar totalmente.
4. Reserve 1/4 do recheio para decoração.

RECHEIO

Bata o purê de castanhas com o açúcar. Acrescente o creme de leite batido em chantili.

MONTAGEM

1. Retire o pano e o papel, espalhe o recheio e enrole com a ajuda da folha de papel inferior.
2. Cubra com o creme de castanhas reservado e decore com uma receita de ganache de chocolate meio amargo (ver na p. 34).

Torta Sacher

Duas camadas de bolo de chocolate com recheio de geleia de damasco, glaceadas com creme de chocolate meio amargo.

INGREDIENTES

180 G DE CHOCOLATE MEIO AMARGO

120 G DE MANTEIGA SEM SAL
EM TEMPERATURA AMBIENTE

200 G DE AÇÚCAR

5 G DE EXTRATO DE BAUNILHA

6 GEMAS

160 G DE FARINHA DE TRIGO

8 CLARAS

150 G DE GELEIA DE DAMASCO

COBERTURA

270 G DE CHOCOLATE MEIO AMARGO

100 G DE CREME DE LEITE FRESCO

250 G DE AÇÚCAR DE CONFEITEIRO

1. Derreta o chocolate em banho-maria. Reserve.
2. Bata a manteiga com o açúcar até obter uma mistura fofa e clara e acrescente o chocolate derretido, batendo sempre. Adicione a baunilha. Adicione as gemas, uma a uma, e em seguida a farinha. Bata as claras em neve e acrescente a mistura mexendo delicadamente com movimentos de baixo para cima. Despeje a massa em uma assadeira de 24 cm de diâmetro, untada e enfarinhada, com o fundo forrado com papel-manteiga.
3. Leve ao forno preaquecido a 180 °C e asse até que, espetando um palito, ele saia seco.
4. Retire do forno, deixe esfriar e corte no meio, em sentido horizontal. Passe a geleia nas duas metades e monte a torta novamente.

COBERTURA

Derreta o chocolate em banho-maria e espere esfriar. Adicione o creme de leite e o açúcar de confeiteiro e bata até obter uma mistura fofa e lisa. Espalhe com a ajuda de uma espátula e espere secar.

Baked Alasca

(bolo de sorvete)

INGREDIENTES

4 OVOS

125 G DE AÇÚCAR

125 G DE FARINHA DE TRIGO

5 G DE FERMENTO EM PÓ

RECHEIO

150 G DE GELEIA DE MORANGO, FRAMBOESA OU DAMASCO

450 G DE SORVETE DE CREME AMOLECIDO

COBERTURA

6 CLARAS

200 G DE AÇÚCAR

1. Preaqueça o forno a 180 °C.
2. Bata as gemas com o açúcar até que fiquem claras e fofas. Acrescente a farinha de trigo peneirada com o fermento e, em seguida, as claras batidas em neve, misturando com movimentos suaves de cima para baixo.
3. Despeje a massa em uma assadeira retangular média, untada e enfarinhada, forrada com papel-manteiga, e leve ao forno preaquecido a 180 °C até que esteja assada, mas não tostada.
4. Retire do forno e deixe esfriar. Corte em fatias.
5. Forre o fundo e as laterais de uma fôrma no formato de meia esfera com 18 cm de diâmetro com um plástico flexível, em seguida utilize as fatias de massa de bolo para revestir todo o interior da fôrma. Espalhe a geleia de morango, em seguida complete a cavidade central com o sorvete de creme. Finalize com uma fatia de massa, envolva em filme plástico e leve ao congelador até que fique firme.

COBERTURA

1. No momento de servir, preaqueça o forno a 220 °C. Prepare o merengue: bata as claras em neve, acrescente o açúcar aos poucos e bata até que ele tenha se dissolvido e o merengue esteja firme e brilhante.
2. Desenforme o bolo em um prato de servir que possa ir ao forno e cubra com o merengue. Leve ao forno por 5 minutos, apenas para que fique ligeiramente dourado. Sirva imediatamente.

BISCUIT DE COCO

120 G DE MANTEIGA SEM SAL
30 G DE FARINHA DE TRIGO
2,5 G DE FERMENTO EM PÓ
70 G DE COCO SECO RALADO
2 OVOS
70 G DE AÇÚCAR

CREME DE CAPIM-SANTO

100 G DE LEITE INTEGRAL
80 G DE FOLHAS DE CAPIM-SANTO
200 G DE CREME DE LEITE FRESCO
75 G DE MASSA DE GELATINA
300 G DE CHOCOLATE BRANCO
300 G DE CREME DE LEITE FRESCO

MOUSSE DE COCO

10 G DE GELATINA EM FOLHA
200 G DE CHOCOLATE BRANCO
250 G DE CREME DE LEITE FRESCO BEM GELADO
120 G DE LEITE DE COCO

DOCE DE ABACAXI

300 G DE ABACAXI PÉROLA, MADURO E BEM PICADO
30 G DE RUM
40 G DE COCO FRESCO RALADO
40 G DE AÇÚCAR

GLAÇAGEM

110 G DE LEITE
290 G DE AÇÚCAR
20 G DE AMIDO DE MILHO
200 G DE CREME DE LEITE FRESCO
150 G DE GLUCOSE
60 G DE MASSA DE GELATINA
CORANTES
CONFEITOS PRATEADOS PARA DECORAÇÃO

Entremet Trancoso

BISCUIT DE COCO

1. Derreta a manteiga e reserve.
2. Peneire a farinha com o fermento e misture o coco ralado.
3. Bata os ovos com o açúcar até que fique bem fofo e claro (em ponto de fita). Acrescente a farinha peneirada e misture delicadamente, acrescentando a manteiga derretida ao final.
4. Despeje a massa em uma fôrma retangular média forrada com papel-manteiga.
5. Asse em forno preaquecido a 170 °C por 15 minutos.
6. Retire do forno e deixe esfriar.

CREME DE CAPIM-SANTO

1. Bata o leite, o capim-santo e o creme de leite no liquidificador, triturando as folhas. Coe e reserve.
2. Aqueça e acrescente a massa de gelatina e o chocolate branco, batendo com um mixer de mão para que fique homogêneo.
3. Deixe esfriar até 30 °C e adicione os 300 g de creme de leite fresco batido em chantili.

MOUSSE DE COCO

1. Deixe as folhas de gelatina de molho em um pouco de água fria até que amoleçam e se reidratem. Retire da água e esprema bem, com os dedos, para retirar o excesso de água. Derreta-as no micro-ondas, utilizando potência média (não deixe a gelatina ferver). Deixe que a gelatina derretida esfrie. Derreta o chocolate branco e reserve.
2. Bata o creme de leite fresco em chantili e adicione o leite de coco, a gelatina derretida e fria e o chocolate derretido.

DOCE DE ABACAXI

1. Leve todos os ingredientes ao fogo e deixe cozinhar até obter uma compota consistente.

GLAÇAGEM

Misture os 5 primeiros ingredientes e leve ao fogo para ferver. Deixe esfriar até 70 °C e acrescente a massa de gelatina e o corante. Misture com mixer de mão para deixar a mistura homogênea. Deixe esfriar a 25 °C e utilize.

MONTAGEM

1. Corte o biscuit em um pedaço oval do tamanho da base da fôrma que estiver usando.
2. Preencha uma fôrma Jr. Pillow da Silikomart® com o creme de capim-santo. Leve para congelar.
3. Preencha a fôrma Mr. Pillow da Silikomart® com a mousse de coco. Acomode o creme de capim-santo congelado.
4. Com uma espátula, espalhe uma camada de doce de abacaxi por cima do biscuit já assado e recortado no formato oval.
5. Acomode o biscuit por cima da mousse de coco, deixando o lado coberto com o doce de abacaxi para dentro da fôrma. Leve para congelar.
6. Faça a glaçagem, decore com as peças de isomalt (ver na p. 17) e confeitos prateados.

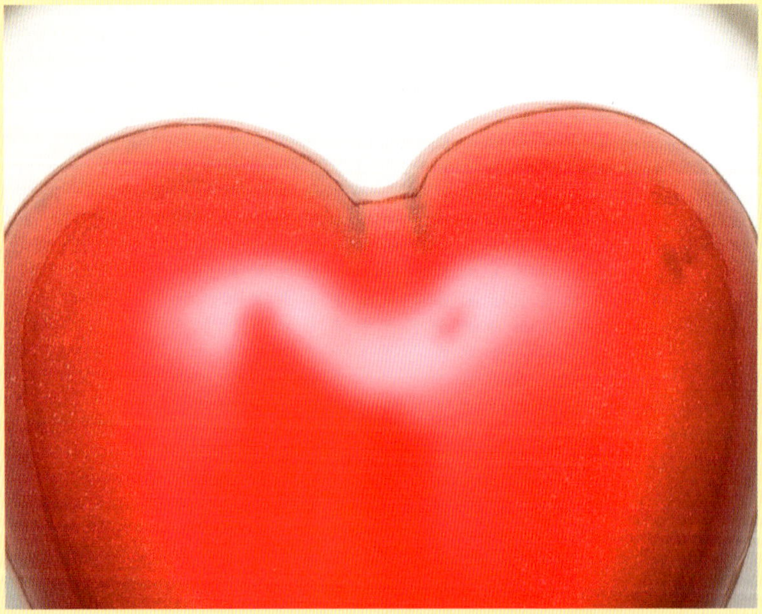

BISCUIT DE AMÊNDOAS

125 G DE OVOS

70 G DE AÇÚCAR

25 G DE FARINHA DE TRIGO

75 G DE FARINHA DE AMÊNDOAS

40 G DE MANTEIGA

MOUSSE DE CHOCOLATE MEIO AMARGO

2,5 G DE GELATINA EM FOLHA

70 G DE LEITE

125 G DE CHOCOLATE MEIO AMARGO

125 G DE CREME DE LEITE

20 G DE AÇÚCAR

CREME DE FRAMBOESA

200 G DE POLPA DE FRAMBOESA

130 G DE CREME DE LEITE FRESCO

30 G DE AMIDO DE MILHO

90 G DE AÇÚCAR

45 G DE MANTEIGA DE CACAU

GLAÇAGEM

110 G DE LEITE

290 G DE AÇÚCAR

20 G DE AMIDO DE MILHO

200 G DE CREME DE LEITE FRESCO

150 G DE GLUCOSE

60 G DE MASSA DE GELATINA

CORANTE BRANCO E AZUL EM PÓ

CORANTE VERMELHO LIPOSSOLÚVEL

BISCUIT DE AMÊNDOAS

1. Bata os ovos e o açúcar até que fique bem fofo e claro, em ponto de fita. Adicione a farinha de trigo peneirada com a farinha de amêndoas e, por fim, a manteiga derretida e fria.
2. Espalhe em uma fôrma retangular média, forrada com um tapete de silicone, e leve ao forno a 160 °C por 15 minutos.

MOUSSE DE CHOCOLATE MEIO AMARGO

1. Hidrate a gelatina em água fria.
2. Ferva o leite, retire-o do fogo e acrescente a gelatina hidratada. Mexa para que ela derreta e, em seguida, verta sobre o chocolate meio amargo picado. Misture até que tudo fique homogêneo (para tal, pode-se usar um mixer de mão).
3. Bata o creme de leite fresco com o açúcar em chantili e misture delicadamente ao creme de chocolate.
4. Leve a mousse à geladeira até que fique cremosa.

CREME DE FRAMBOESA

Misture a polpa de framboesa ao creme de leite e leve ao fogo. Deixe ferver por 2 minutos. Espere esfriar e acrescente amido misturado com açúcar. Leve ao fogo novamente, mexendo até ferver. Retire do fogo, espere 2 minutos e acrescente a manteiga de cacau. Bata com um mixer de mão para deixar a mistura homogênea e reserve.

GLAÇAGEM

Misture os 5 primeiros ingredientes e leve ao fogo para ferver. Deixe esfriar até 70 °C e acrescente a massa de gelatina e o corante vermelho lipossolúvel, o corante branco e azul em pó para acertar o tom. Misture com mixer de mão para homogeneizar. Deixe esfriar a 25 °C e utilize.

MONTAGEM

1. Corte o biscuit de amêndoas com a ajuda de um cortador de biscoitos no formato de coração, medindo 6 cm de largura, obtendo 8 corações.
2. Com a ajuda de um saco de confeitar e bico perlê grande, coloque uma porção da mousse de chocolate no centro de cada coração de biscuit e leve ao congelador.
3. Prepare a mousse de framboesa.
4. Coloque uma porção da mousse de framboesa em cada uma das fôrmas Amorini da Silikomart® e, por cima, acomode um biscuit com o centro de mousse de chocolate voltado para dentro da fôrma. Complete com mais mousse de framboesa e leve para congelar novamente.
5. Desenforme e faça a glaçagem.

MOUSSE DE CARAMELO

4 FOLHAS DE GELATINA

200 G DE AÇÚCAR

80 G DE MANTEIGA COM SAL

170 G DE CREME DE LEITE FRESCO

CREME BRÛLÉE

10 G DE GELATINA EM FOLHA

250 G DE LEITE

250 G DE CREME DE LEITE FRESCO

4 GEMAS

100 G DE AÇÚCAR

5 G DE EXTRATO NATURAL DE BAUNILHA

BASE DE PÃO DE LÓ

2 OVOS

60 G DE AÇÚCAR

65 G DE FARINHA DE TRIGO

QUADRADOS CROCANTES DE FILO

100 G DE MASSA FILO (COMPRADA PRONTA)

15 G DE MANTEIGA COM SAL DERRETIDA

25 G DE NÉCTAR DE AGAVE

25 G DE AÇÚCAR CRISTAL PARA DECORAR

Entremet Creme Brûlée

MOUSSE DE CARAMELO

1. Coloque as folhas de gelatina em água fria para que hidratem.
2. Leve o açúcar ao fogo baixo e deixe que derreta. Assim que se formar um caramelo, adicione a manteiga em cubos e 70 g de creme de leite fresco. Deixe que ferva até a mistura ficar homogênea novamente. Retire do fogo e deixe esfriar por cerca de 10 minutos. Esprema as folhas de gelatina para retirar o excesso de água e adicione ao caramelo. Misture bem.
3. Bata o creme de leite restante em chantili e acrescente o caramelo.
4. Coloque a mousse na fôrma Insert Bûche da Silikomart® e leve ao congelador.

CREME BRÛLÉE

1. Coloque as folhas de gelatina de molho em água fria. Reserve.
2. Misture o leite, o creme de leite, as gemas e o açúcar e leve ao fogo, mexendo sempre, até que engrosse ligeiramente. Não deixe ferver.
3. Retire do fogo, acrescente o extrato de baunilha e a gelatina hidratada e bem espremida.
4. Coloque metade do creme na fôrma Insert Bûche da Silikomart® e leve à geladeira.

BASE DE PÃO DE LÓ

1. Bata os ovos com o açúcar até que a mistura fique bem fofa e clara. Retire da batedeira e acrescente a farinha aos poucos, em movimentos suaves.
2. Escolha uma fôrma que seja ligeiramente maior que o desenho da fôrma de silicone onde será montada a sobremesa.
3. Despeje em uma fôrma retangular pequena, forrada com papel-manteiga, e leve ao forno a 180 °C por aproximadamente 15 minutos.
4. Retire do forno e espere esfriar por 10 minutos. Desenforme e retire o papel.

QUADRADOS CROCANTES DE FILO

(Para decorar a lateral)

1. Corte a massa em tiras retangulares de aproximadamente 15 cm x 5 cm.
2. Pincele cada camada de massa com a manteiga derretida e, em seguida, com o néctar de agave. Sobreponha 3 camadas de massa.
3. Corte a tira em pequenos quadrados.
4. Leve ao forno preaquecido a 180 °C (em uma assadeira forrada com tapete de silicone), assando por aproximadamente 10 minutos, ou até que os quadrados estejam bem dourados e crocantes.

MONTAGEM

Coloque a mousse de caramelo congelada em cima da metade do creme brûlée, complete com o restante do creme brûlée reservado e finalize com uma fina camada de pão de ló, recortando as laterais caso seja necessário. Leve novamente ao congelador para endurecer antes da finalização. Desenforme e polvilhe com açúcar cristal. Caramelize com maçarico no momento de servir, decorando as laterais com os quadrados crocantes de filo.

Bolo de Crepes

INGREDIENTES

400 G DE LEITE

6 OVOS

200 G DE AÇÚCAR

210 G DE FARINHA DE TRIGO

1 PITADA DE SAL

60 G DE MANTEIGA DERRETIDA

RECHEIO

400 G DE LEITE

4 GEMAS

80 G DE AÇÚCAR

30 G DE FARINHA DE TRIGO

30 G DE AMIDO DE MILHO

1 PITADA DE SAL

160 G DE MANTEIGA

RASPAS DA CASCA DE 2 LARANJAS

1. Com um fouet, misture o leite, os ovos, o açúcar, a farinha e o sal e adicione a manteiga derretida. Leve à geladeira e deixe descansar por 1 hora.
2. Aqueça uma frigideira antiaderente de aproximadamente 20 cm de diâmetro e coloque uma porção de massa de aproximadamente 60 g. Cozinhe até que se desprenda da frigideira, vire e deixe por mais 10 segundos. Transfira o crepe para um prato de bordas rasas forrado com papel-manteiga, cubra com uma folha de papel-manteiga e repita o processo até terminar a massa. Você deve obter um pouco mais de 20 crepes.

RECHEIO

1. Leve o leite, as gemas, o açúcar, a farinha de trigo, o amido de milho e o sal ao fogo e cozinhe até obter um creme espesso.
2. Retire do fogo e acrescente metade da manteiga, misturando até que derreta e esfrie. Adicione as raspas de laranja.
3. Deixe o creme esfriar com um filme plástico aderido a ele.
4. Bata a manteiga restante até ficar bem cremosa e adicione ao creme já frio.
5. Leve o creme à geladeira por 30 minutos.
6. Utilize para rechear o bolo de crepes.

BISCUIT DE PISTACHE

4 CLARAS

25 G DE AÇÚCAR REFINADO

200 G DE FARINHA DE AMÊNDOAS

50 G DE FARINHA DE TRIGO

6 OVOS

200 G DE AÇÚCAR DE CONFEITEIRO

60 G DE PASTA INTEGRAL DE PISTACHE

45 G DE MANTEIGA SEM SAL DERRETIDA

CREME DE PISTACHE

6 G DE GELATINA EM FOLHA

500 G DE CREME DE LEITE FRESCO

120 G DE CHOCOLATE BRANCO

80 G DE PASTA INTEGRAL DE PISTACHE

50 G DE AÇÚCAR REFINADO

RECHEIO DE FRAMBOESA

6 G DE GELATINA EM FOLHA

250 G DE POLPA DE FRAMBOESA CONGELADA

30 G DE AÇÚCAR

GLAÇAGEM

110 G DE LEITE

290 G DE AÇÚCAR

20 G DE AMIDO DE MILHO

200 G DE CREME DE LEITE FRESCO

150 G DE GLUCOSE

60 G DE MASSA DE GELATINA

CORANTE BRANCO

CORANTE VERDE LIPOSSOLÚVEL

120 G DE PISTACHE SEM SAL PICADO

Entremet de pistache e framboesa

BISCUIT DE PISTACHE

1. Bata as claras em neve, acrescente o açúcar refinado e bata por mais 3 minutos. Reserve.
2. Peneire a farinha de amêndoas com a farinha de trigo e reserve.
3. Bata os ovos inteiros e o açúcar de confeiteiro na batedeira até que esteja bem fofo e claro (aproximadamente 6 minutos). Acrescente a pasta de pistache e bata por mais 3 minutos. Desligue a batedeira e acrescente a farinha de amêndoas e a manteiga derretida, misturando delicadamente. Incorpore as claras batidas com o açúcar.
4. Despeje a massa em 2 fôrmas redondas de 25 cm de diâmetro forradas com tapete de silicone ou papel-manteiga e leve ao forno preaquecido a 180 °C.
5. Retire do forno, deixe esfriar, retire da fôrma e reserve.

CREME DE PISTACHE

1. Coloque as folhas de gelatina de molho em água fria até que hidratem.
2. Ferva 200 g de creme de leite, retire do fogo e acrescente as folhas de gelatina bem espremidas. Misture bem e adicione o chocolate branco picado. Mexa até que fique homogêneo e acrescente a pasta de pistache. Deixe esfriar.
3. Bata o creme de leite restante em chantili, acrescente o açúcar e misture delicadamente ao creme de pistache.
4. Reserve na geladeira.

RECHEIO DE FRAMBOESA

1. Coloque as folhas de gelatina na água fria para hidratar.
2. Ferva a polpa de framboesa com o açúcar por 2 minutos. Desligue o fogo, esprema bem as folhas para retirar todo excesso de água e acrescente a polpa de framboesa, mexendo bem para que fique homogêneo e a gelatina derreta. Passe por uma peneira.
3. Forre um aro de 22 cm de diâmetro com papel filme e apoie-o em cima de uma assadeira reta. Verta o preparado de framboesa e leve à geladeira até que fique firme.

GLAÇAGEM

Misture os 5 primeiros ingredientes e leve ao fogo para ferver. Deixe esfriar até 70 °C e acrescente a massa de gelatina e os corantes. Misture com um mixer de mão para homogeneizar. Deixe esfriar a 25 °C e utilize.

MONTAGEM

1. Em uma fôrma de bolo inglês de aproximadamente 20 cm de comprimento forrada com uma tira de acetato, coloque uma camada de biscuit de pistache. Em seguida, coloque uma fina camada de creme de pistache.
2. Retire a gelatina de framboesa da geladeira, remova o aro e cuidadosamente retire o papel filme aderido. Coloque dentro do aro, por cima da camada de creme. Cubra com o creme de pistache restante e finalize com a outra camada de biscuit de pistache. Cubra com papel filme e leve à geladeira por 4 horas.
3. Retire do aro e remova o acetato cuidadosamente.
4. Decore com a glaçagem, as framboesas frescas e o pistache picado.

GOIABADA CREMOSA

400 G DE GOIABADA CREMOSA

40 G DE MASSA DE GELATINA

200 G DE CREME DE LEITE FRESCO

CREME DE QUEIJO MASCARPONE

6 G DE GELATINA EM FOLHA

80 G DE LEITE INTEGRAL

80 G DE AÇÚCAR

150 G DE QUEIJO MASCARPONE

200 G DE CREME DE LEITE FRESCO

BISCUIT

30 G DE MANTEIGA SEM SAL

1 OVO INTEIRO

1 GEMA

55 G DE AÇÚCAR

55 G DE FARINHA DE AMÊNDOAS

25 G DE FARINHA DE TRIGO

GLAÇAGEM

220 G DE LEITE

580 G DE AÇÚCAR

40 G DE AMIDO DE MILHO

450 G DE CREME DE LEITE FRESCO

300 G DE GLUCOSE

120 G DE MASSA DE GELATINA

CORANTE PEROLADO VERMELHO

Entremet de goiabada com queijo

GOIABADA CREMOSA

1. Aqueça a goiabada cremosa até quase ferver. Retire do fogo e acrescente a massa de gelatina. Deixe esfriar.
2. Bata o creme de leite em chantili e adicione à goiabada.
3. Coloque em um molde redondo pequeno e leve à geladeira.

CREME DE QUEIJO MASCARPONE

1. Coloque as folhas de gelatina de molho em um pouco de água fria para hidratarem.
2. Ferva o leite com o açúcar, retire do fogo e acrescente à gelatina hidratada. Mexa bem para que derreta e deixe esfriar.
3. Misture o queijo mascarpone, mexa com um mixer até ficar homogêneo e leve à geladeira por 20 minutos.
4. Bata o creme de leite fresco em chantili e incorpore delicadamente à preparação de mascarpone. Reserve.

BISCUIT

1. Derreta a manteiga e deixe esfriar.
2. Bata os ovos com o açúcar até que fiquem claros e fofos, em ponto de fita.
3. Acrescente as farinhas peneiradas, misture delicadamente e, por fim, junte a manteiga derretida.
4. Para a montagem do entremet, precisaremos de um disco de 15 cm de diâmetro. Para tanto, asse o biscuit em um aro forrado com tapete de silicone, ou em uma fôrma quadrada e depois recorte o disco para a montagem.
5. Leve ao forno preaquecido a 160 °C por aproximadamente 12 minutos. Reserve.

GLAÇAGEM

Misture os 5 primeiros ingredientes e leve ao fogo para ferver. Deixe esfriar até 70 °C e acrescente a massa de gelatina e o corante. Misture com um mixer de mão para homogeneizar. Deixe esfriar a 25 °C e utilize.

MONTAGEM

1. Coloque a goiabada cremosa em uma fôrma de entremet Zuccotto 115 da Silikomart® e leve para congelar.
2. Coloque o creme de mascarpone em uma fôrma de entremet Zuccotto 160 da Silikomart® com capacidade de aproximadamente 1 litro e leve à geladeira por 30 minutos. Insira o recheio de goiabada já congelado.
3. Complete com o disco de biscuit e leve para congelar.
4. Depois de congelado, desmolde e faça a glaçagem.

GLAÇAGEM DE MARACUJÁ

3 FOLHAS DE GELATINA

100 G DE SUCO DE MARACUJÁ

40 G DE AÇÚCAR

CREME DE COCO

6 FOLHAS DE GELATINA SEM SABOR

300 G DE LEITE DE COCO

80 G DE AÇÚCAR

300 G DE CREME DE LEITE FRESCO

CREME DE MANGA

6 FOLHAS DE GELATINA SEM SABOR

220 G DE POLPA DE MANGA

60 G DE AÇÚCAR

10 G DE SUCO DE LIMÃO

25 G DE SUCO DE MARACUJÁ

200 G DE CREME DE LEITE FRESCO

DACQUOISE DE COCO

3 CLARAS

65 G DE AÇÚCAR

35 G DE AÇÚCAR DE CONFEITEIRO

20 G DE FARINHA DE TRIGO

55 G DE COCO RALADO SECO

Entremet de manga e coco

GLAÇAGEM DE MARACUJÁ

1. Hidrate as folhas de gelatina em água fria.
2. Leve ao fogo o suco de maracujá com o açúcar e deixe que ferva.
3. Desligue o fogo e acrescente a gelatina hidratada. Reserve.

CREME DE COCO

1. Hidrate as folhas de gelatina em água fria.
2. Aqueça o leite de coco com o açúcar. Retire do fogo e junte a gelatina hidratada, bem espremida. Bata com um mixer para uniformizar. Acrescente o creme de leite fresco batido em chantili.

CREME DE MANGA

1. Hidrate a gelatina em água fria.
2. Aqueça a polpa de manga com o açúcar, retire do fogo, acrescente a gelatina hidratada bem espremida e os sucos de limão e maracujá. Bata com um mixer para uniformizar.
3. Bata o creme em chantili e junte à mistura de manga

DACQUOISE DE COCO

1. Bata as claras em neve, acrescente os 2 tipos de açúcar e bata por mais 5 minutos. Desligue a batedeira e acrescente a farinha peneirada e o coco ralado em movimentos suaves, de baixo para cima.
2. Coloque em uma fôrma retangular de 28 cm x 12 cm forrada com papel-manteiga. Asse em forno preaquecido a 180 °C por aproximadamente 15 minutos.

MONTAGEM

1. Para obter o efeito da foto, utilize uma fôrma de silicone de aproximadamente 30 cm x 14 cm, com um baixo relevo de rosas.
2. Preencha a área do baixo relevo com a glaçagem de maracujá e leve à geladeira até firmar.
3. Complete com o creme de coco. Leve à geladeira para endurecer.
4. Finalize com o creme de manga e complete com a dacquoise de coco já assada.
5. Deixe na geladeira para endurecer até o momento de servir.

MOUSSE DE CHOCOLATE MEIO AMARGO

8 G DE FOLHAS DE GELATINA SEM SABOR

40 G DE ÁGUA

90 G DE AÇÚCAR

6 GEMAS

300 G DE CHOCOLATE MEIO AMARGO

350 G DE CREME DE LEITE FRESCO

MOUSSE DE CASTANHAS

6 G DE FOLHAS DE GELATINA SEM SABOR

40 G DE ÁGUA

45 G DE AÇÚCAR DE CONFEITEIRO

120 G DE PURÊ DE CASTANHA PORTUGUESA

200 G DE CREME DE LEITE FRESCO

GLAÇAGEM DE CHOCOLATE

5 G DE GELATINA EM FOLHAS

40 G DE ÁGUA

125 G DE AÇÚCAR

35 G DE CACAU

80 G DE CREME DE LEITE FRESCO

BISCOITO SABLÉE

2 GEMAS

55 G DE AÇÚCAR

70 G DE MANTEIGA SEM SAL

100 G DE FARINHA

3 G DE FERMENTO EM PÓ

Entremet de chocolate e castanha

MOUSSE DE CHOCOLATE MEIO AMARGO

1. Hidrate as folhas de gelatina em água fria.
2. Leve a água e o açúcar ao fogo e deixe que cozinhe, sem mexer, até atingir 110 °C. Enquanto isso, bata as gemas na batedeira até que fiquem bem pálidas.
3. Quando a calda atingir a temperatura correta, despeje-a cuidadosamente sobre as gemas batidas e continue batendo até a mistura esfriar.
4. Comece acrescentando 1/3 da mistura de gemas ao chocolate derretido, mexendo até ficar homogêneo e, então, adicione o restante. Acrescente a gelatina derretida e misture. Reserve na geladeira enquanto prepara as outras etapas.

MOUSSE DE CASTANHAS

5. Hidrate a gelatina em água gelada.
6. Misture a água e o açúcar e leve ao fogo até ferver. Acrescente o purê e desligue o fogo. Adicione as folhas de gelatina hidratadas e misture bem. Espere esfriar e acrescente o creme de leite fresco batido em ponto de chantili.
7. Coloque em um molde Zuccotto 115 da Silikomart® (ou em 6 moldes individuais) e congele.

GLAÇAGEM DE CHOCOLATE

1. Hidrate a gelatina em um pouco de água fria.
2. Misture a água e o açúcar e leve ao fogo para ferver. Acrescente o cacau.
3. Ferva o creme de leite fresco, desligue, adicione a gelatina hidratada e misture ao xarope de cacau.
4. Passe tudo por uma peneira e utilize a 25 °C.

BISCOITO SABLÉE

1. Bata as gemas com o açúcar até que fiquem claras e fofas. Acrescente a manteiga amolecida, misturando com um fouet.
2. Por fim, acrescente a farinha peneirada com fermento.
3. Estenda a massa até que fique com a espessura de 4 milímetros. Deixe descansar por 30 minutos na geladeira e recorte-a com um aro do diâmetro do molde do entremet.
4. Leve ao forno preaquecido a 180 °C e asse por 30 minutos até dourar.

MONTAGEM

Coloque uma parte da mousse de chocolate no molde Zuccotto 160 da Silikomart®, acrescente a mousse de castanhas congelada no centro e complete com mais mousse de chocolate. Leve ao congelador. Quando endurecer, desenforme sobre o sablée assado e faça a glaçagem.

MOUSSE DE CHOCOLATE MEIO AMARGO

2,5 G DE GELATINA EM FOLHA

70 G DE LEITE

125 G DE CHOCOLATE MEIO AMARGO

125 G DE CREME DE LEITE FRESCO

20 G DE AÇÚCAR

GELEIA DE PERA

4 G DE GELATINA EM FOLHA

3 PERAS BEM MADURAS

60 G DE AÇÚCAR

10 G DE SUCO DE LIMÃO

BISCUIT DE AMÊNDOAS

60 G DE MANTEIGA SEM SAL

15 G DE FARINHA DE TRIGO

2 G DE FERMENTO EM PÓ

35 G DE FARINHA DE AMÊNDOAS

1 OVO

35 G DE AÇÚCAR

GLAÇAGEM DE CHOCOLATE

10 G DE GELATINA EM FOLHA

80 G DE ÁGUA

250 G DE AÇÚCAR

70 G DE CACAU

160 G DE CREME DE LEITE FRESCO

MONTAGEM

4 PERAS PEQUENAS, MADURAS, MAS FIRMES

30 G DE AÇÚCAR CRISTAL

Entremet de pera com chocolate

MOUSSE DE CHOCOLATE MEIO AMARGO

1. Hidrate a gelatina em água fria.
2. Ferva o leite, retire do fogo e acrescente a gelatina hidratada, misturando para que ela derreta. Em seguida, verta a mistura sobre o chocolate meio amargo picado. Misture até que fique homogêneo (se necessário, pode-se usar um mixer de mão).
3. Bata o creme de leite fresco com o açúcar em chantili e misture delicadamente ao creme de chocolate.
4. Leve a mousse à geladeira até que fique cremosa.

GELEIA DE PERA

1. Hidrate as folhas de gelatina na água fria. Reserve.
2. Pique as peras em pedaços bem pequenos e leve ao fogo com o açúcar e o suco de limão. Cozinhe até que a pera desmanche.
3. Desligue o fogo e acrescente a gelatina hidratada.
4. Coloque em uma fôrma retangular pequena, forrada com papel filme, e leve à geladeira para endurecer.

BISCUIT DE AMÊNDOAS

1. Derreta a manteiga e reserve.
2. Peneire a farinha de trigo com o fermento e misture à farinha de amêndoas.
3. Bata o ovo com o açúcar até ficar fofo e claro, em ponto de fita. Acrescente a farinha peneirada e misture delicadamente, acrescentando a manteiga derretida ao final.
4. Despeje a massa em uma fôrma retangular pequena (aproximadamente 12 cm x 24 cm de lado) forrada com papel-manteiga.
5. Asse em forno preaquecido a 170 °C. Retire do forno e deixe esfriar.
6. Recorte 8 quadrados de 4 cm de lado e reserve.

GLAÇAGEM DE CHOCOLATE

1. Hidrate a gelatina em um pouco de água fria.
2. Misture a água e o açúcar e leve ao fogo para ferver. Acrescente o cacau.
3. Ferva o creme de leite fresco, desligue, adicione a gelatina hidratada e misture ao xarope de cacau.
4. Passe tudo por uma peneira e utilize a 25 °C.

MONTAGEM

1. Utilize uma fôrma Gem da Silikomart®. Complete cada orifício até a metade com a mousse de chocolate meio amargo.
2. Acrescente um quadrado de geleia de pera já firme e, em seguida, uma porção do biscuit de amêndoas. Complete com mais mousse de chocolate meio amargo e leve ao congelador.
3. Quando estiver firme, retire cuidadosamente e despeje a glaçagem.
4. Decore com pequenas peras cortadas em quartos e caramelizadas com um maçarico.

BISCUIT DE AMÊNDOAS E CACAU

120 G DE MANTEIGA SEM SAL
20 G DE FARINHA DE TRIGO
10 G DE CACAU
2,5 G DE FERMENTO EM PÓ
70 G DE FARINHA DE AMÊNDOAS
2 OVOS
70 G DE AÇÚCAR

MOUSSE DE CARAMELO

8 G DE GELATINA EM FOLHA
200 G DE AÇÚCAR
80 G DE MANTEIGA COM SAL
190 G DE CREME DE LEITE FRESCO

CREME DE CAFÉ E CHOCOLATE

10 G DE GELATINA EM FOLHA
70 G DE LEITE
2 GEMAS
5 G DE CAFÉ SOLÚVEL
20 G DE AÇÚCAR
120 G DE CHOCOLATE AO LEITE PICADO
150 G DE CREME DE LEITE FRESCO

CREMOSO DE BAUNILHA

6 G DE FOLHAS DE GELATINA SEM SABOR
5 GEMAS
50 G DE AÇÚCAR
1 FAVA DE BAUNILHA
140 G DE LEITE INTEGRAL
180 G DE CREME DE LEITE FRESCO
170 G DE CHOCOLATE BRANCO

GLAÇAGEM

4 G DE GELATINA EM FOLHA
180 G DE CREME DE LEITE FRESCO
200 G DE AÇÚCAR
80 G DE ÁGUA
15 G DE AMIDO DE MILHO
50 G DE CHOCOLATE MEIO AMARGO PICADO

Entremet de café e caramelo

BISCUIT DE AMÊNDOAS E CACAU

1. Derreta a manteiga e reserve.
2. Peneire a farinha, o cacau e o fermento e misture a farinha de amêndoas.
3. Bata os ovos com o açúcar até que fique bem fofo e claro, em ponto de fita. Acrescente a farinha peneirada e misture delicadamente, acrescentando a manteiga derretida ao final.
4. Despeje a massa em uma fôrma redonda de 20 cm de diâmetro forrada com papel-manteiga.
5. Asse em forno preaquecido a 170 °C.
6. Retire do forno e deixe esfriar. Retire o papel e forre o fundo de um aro de 20 cm de diâmetro.

MOUSSE DE CARAMELO

1. Coloque as folhas de gelatina em água fria para que hidratem.
2. Leve o açúcar ao fogo baixo e deixe que derreta. Assim que se formar um caramelo, adicione a manteiga em cubos e 70 g de creme de leite fresco. Deixe ferver até que fique homogêneo novamente. Retire do fogo e deixe esfriar 10 minutos. Esprema as folhas de gelatina para retirar o excesso de água e adicione ao caramelo. Misture bem.
3. Bata o creme de leite restante em chantili e acrescente o caramelo.
4. Coloque a mousse na fôrma em cima do biscuit e leve para a geladeira até ficar firme.

CREME DE CAFÉ E CHOCOLATE

1. Hidrate a gelatina em água fria e reserve.
2. Leve ao fogo o leite, as gemas, o café solúvel e o açúcar e cozinhe, misturando com um fouet até que engrosse ligeiramente.
3. Retire do fogo e acrescente a gelatina hidratada, espremendo bem para retirar toda a água, e, em seguida, adicione o chocolate picado. Misture até ficar homogêneo e deixe esfriar. Acrescente o creme de leite batido em chantili e despeje por cima da mousse de caramelo já firme.
4. Leve ao congelador para facilitar a glaçagem.
5. Quando estiver firme, retire do congelador, remova o aro e despeje a glaçagem.

CREMOSO DE BAUNILHA

1. Hidrate a gelatina na água fria e reserve.
2. Bata as gemas com o açúcar até que fiquem pálidas e cremosas. Abra a fava de baunilha no sentido longitudinal, raspe as sementinhas e junte ao leite.
3. Ferva o leite com a fava e deixe descansar 5 minutos. Coe. Leve ao fogo novamente com o creme de leite e aqueça até quase ferver. Despeje aos poucos nas gemas batidas, mexendo constantemente com um fouet. Retorne tudo para a panela e leve ao fogo até que engrosse ligeiramente, sem deixar ferver (ou a mistura irá talhar).
4. Retire da panela, adicione a gelatina já hidratada e, em seguida, o chocolate branco. Misture com um mixer de mão para homogeneizar e reserve.

GLAÇAGEM

1. Coloque a gelatina para hidratar em um pouco de água fria.
2. Aqueça o creme de leite fresco e reserve.
3. Derreta o açúcar, espere que fique dourado e acrescente o creme de leite fresco. Espere que o açúcar derreta novamente.
4. Misture a água e o amido e junte ao caramelo. Mexa e deixe que engrosse.
5. Retire do fogo e acrescente a gelatina hidratada, espremendo bem as folhas para retirar o excesso de água. Por fim, acrescente o chocolate picado.
6. Deixe que esfrie até 25 °C para fazer a glaçagem.

MONTAGEM

1. Para montar este entremet, utilize um aro de 20 cm de diâmetro com as laterais forradas com uma tira de acetato.
2. Coloque o biscuit no fundo e, em seguida, a mousse de caramelo. Leve à geladeira para endurecer e espalhe o creme de café por cima. Deixe ficar firme, despeje o cremoso de baunilha e congele.
3. Para desenformar, retire cuidadosamente o aro e, em seguida, o acetato.
4. Despeje a glaçagem.

BISCUIT DE AMÊNDOAS E CACAU

120 G DE MANTEIGA SEM SAL
20 G DE FARINHA DE TRIGO
10 G DE CACAU
2,5 G DE FERMENTO EM PÓ
70 G DE FARINHA DE AMÊNDOAS
2 OVOS
70 G DE AÇÚCAR

CREME DE MARACUJÁ

15 G DE GELATINA EM PÓ SEM SABOR
2 GEMAS
3 OVOS
10 G DE AÇÚCAR
120 G DE SUCO DE MARACUJÁ CONCENTRADO
20 G DE ÁGUA
150 G DE AÇÚCAR
220 G DE MANTEIGA SEM SAL
100 G DE CREME DE LEITE FRESCO

GELEIA DE MARACUJÁ

3 FOLHAS DE GELATINA
150 ML DE SUCO DE MARACUJÁ NATURAL (NÃO CONCENTRADO)
20 G DE AÇÚCAR

MOUSSE DE COCO

10 G DE GELATINA EM FOLHA
400 G DE LEITE DE COCO
125 G DE AÇÚCAR
50 G DE ÁGUA
2 CLARAS
150 G DE CREME DE LEITE FRESCO

GLAÇAGEM

110 G DE LEITE
290 G DE AÇÚCAR
20 G DE AMIDO DE MILHO
225 G DE CREME DE LEITE FRESCO
150 G DE GLUCOSE
60 G DE MASSA DE GELATINA
CORANTE EM PÓ AMARELO
FLORES DE MASSA ELÁSTICA (VER NA P. 8)

Entremet de maracujá e coco

BISCUIT DE AMÊNDOAS E CACAU

1. Derreta a manteiga e reserve.
2. Peneire a farinha, o cacau e o fermento e misture a farinha de amêndoas.
3. Bata os ovos com o açúcar até que a mistura fique fofa e clara (em ponto de fita). Acrescente a farinha peneirada e misture delicadamente, acrescentando a manteiga derretida ao final.
4. Despeje a massa em uma fôrma retangular (com aproximadamente 24 cm x 12 cm de lado) forrada com papel-manteiga.

CREME DE MARACUJÁ

5. Polvilhe a gelatina na água e deixe hidratar.
6. Peneire as gemas, misture as claras e leve ao fogo com o açúcar e o suco de maracujá, cozinhando em banho-maria até engrossar.
7. Retire do fogo, junte a gelatina e misture bem para dissolver. Acrescente a manteiga, misture novamente e deixe que esfrie.
8. Bata o creme de leite fresco com os 10 g de açúcar em ponto de chantili e misture o creme de maracujá já frio.
9. Coloque em uma fôrma Jr. Pillow da Silikomart® e leve ao congelador
10. Recheie o bolo imediatamente.

GELEIA DE MARACUJÁ

1. Hidrate a gelatina em água fria e reserve.
2. Ferva o suco de maracujá com o açúcar, desligue e acrescente a gelatina. Misture até homogeneizar.
3. Coloque em uma fôrma retangular de aproximadamente 16 cm x 6 cm de lado e leve à geladeira até endurecer.

MOUSSE DE COCO

1. Hidrate a gelatina em um pouco de água fria.
2. Ferva o leite de coco, desligue o fogo e acrescente as folhas de gelatina. Misture o açúcar e a água e leve ao fogo até atingir a temperatura de 110 °C. Enquanto isso, bata as claras em neve e acrescente o xarope de açúcar. Bata até a mistura esfriar.
3. Junte o leite de coco ao creme de leite fresco batido em chantili e, por fim, o merengue. Despeje em uma fôrma Mr. Pillow da Silikomart®. Logo em seguida, coloque o creme de maracujá congelado e, por cima, a geleia de maracujá firme.

GLAÇAGEM

1. Misture os 5 primeiros ingredientes e leve ao fogo para ferver. Deixe esfriar até 70 °C e acrescente a massa de gelatina e o corante. Misture com um mixer de mão para homogeneizar.
2. Deixe esfriar a 25 °C e utilize.

MONTAGEM

1. Disponha o biscuit de amêndoas em uma bandeja retangular (onde será servido o entremet).
2. Retire o entremet congelado da fôrma cilíndrica, apoie em uma base e faça a glaçagem (neutra, tingida de amarelo). Espere escorrer o excesso e imediatamente coloque em cima do biscuit de amêndoas.
3. Confeccione flores de massa elástica branca de miolo amarelo com a ajuda de um cortador e decore o entremet.

MOUSSE DE LIMÃO-SICILIANO

4 G DE GELATINA EM FOLHA

200 G DE CREME DE LEITE FRESCO

250 G DE CHOCOLATE BRANCO

50 G DE SUCO DE LIMÃO-SICILIANO

CURD DE LIMÃO-SICILIANO

6 FOLHAS DE GELATINA SEM SABOR

280 G DE SUCO DE LIMÃO-SICILIANO

280 G DE AÇÚCAR

6 OVOS

300 G DE MANTEIGA GELADA EM CUBINHOS

200 G DE CREME DE LEITE FRESCO

PÃO DE LÓ

2 OVOS

65 G DE AÇÚCAR

65 G DE FARINHA DE TRIGO

MASSA SUCRÉE

125 G DE FARINHA DE TRIGO

75 G DE AÇÚCAR

70 G DE MANTEIGA GELADA

1 OVO

DECORAÇÃO

1 RECEITA DE PLUMAS DE CHOCOLATE BRANCO (VER NA P. 18)

100 G DE GELEIA DE BRILHO (COMPRADA PRONTA)

CORANTE LÍQUIDO VERDE

Entremet de limão

MOUSSE DE LIMÃO-SICILIANO

1. Hidrate a gelatina em água fria.
2. Ferva 120 g do creme de leite fresco. Retire do fogo, acrescente a gelatina hidratada e misture para dissolver. Acrescente o chocolate branco no creme ainda quente e misture. Por fim, adicione o suco de limão.
3. Bata o creme de leite restante em chantili e misture delicadamente à ganache. Reserve.

CURD DE LIMÃO-SICILIANO

1. Hidrate as folhas de gelatina em água fria, separando 4 folhas para o curd e 2 folhas para a parte que será misturada com chantili. Reserve.
2. Misture suco de limão, açúcar e ovos e leve ao fogo em banho-maria, mexendo constantemente com um fouet até engrossar.
3. Retire do fogo e acrescente a gelatina hidratada previamente, espremendo bem o excesso de água.
4. Misture até ficar homogêneo.
5. Continue batendo com o fouet e acrescente a manteiga aos poucos, mexendo sempre.
6. Coloque metade do creme em um aro redondo de 18 cm de diâmetro, forrado com acetato, e leve ao congelador.
7. Acrescente as duas folhas de gelatina hidratadas e previamente derretidas à metade reservada. Deixe esfriar.
8. Bata os 200 g de creme de leite fresco em chantili e misture à metade reservada.

PÃO DE LÓ

1. Bata os ovos com o açúcar até que fiquem bem fofos e pálidos. Desligue a batedeira, acrescente a farinha peneirada e misture em movimentos suaves, de baixo para cima. Coloque em uma fôrma redonda de 18 cm de diâmetro, untada e forrada com papel-manteiga.
2. Leve ao forno preaquecido a 180 °C por aproximadamente 20 minutos, até que esteja ligeiramente dourado e, ao espetar um palito, ele saia seco.

MASSA SUCRÉE

Misture a farinha com o açúcar e, em seguida, a manteiga cortada em cubos pequenos. Amasse com as pontas dos dedos até obter uma massa com consistência de farofa. Acrescente o ovo e misture delicadamente. Leve à geladeira por 1 hora.

MONTAGEM

1. Coloque um aro de 20 cm de diâmetro sobre um tapete de silicone. Forre seu interior com uma tira de acetato flexível.
2. Despeje a mousse de limão e leve ao congelador.
3. Em seguida, desenforme o curd de limão que estava no aro de 18 cm e posicione-o no centro da mousse congelada. Cubra com metade do curd restante (com chantili) e coloque por cima a fatia de pão de ló. Complete com mais curd de limão. Leve ao congelador.
4. Abra a massa sucrée em um círculo de 25 cm de diâmetro e congele.
5. Preaqueça o forno a 180 °C e asse a massa ainda congelada, até que fique crocante e dourada.
6. Retire do forno e desenforme o conteúdo do aro sobre a massa.
7. Tinja a geleia de brilho com o corante líquido verde e pincele o topo do entremet. Caso a geleia esteja muito dura e seja difícil deixá-la homogênea, aqueça-a levemente em banho-maria.
8. Decore a lateral com as plumas de chocolate branco.

MOUSSE DE CHOCOLATE

2,5 G DE GELATINA EM FOLHA

70 G DE LEITE

125 G DE CHOCOLATE MEIO AMARGO

125 G DE CREME DE LEITE

20 G DE AÇÚCAR

CREME DE MEL

7 G DE GELATINA EM FOLHA

120 G DE MEL

80 G DE LEITE

300 G DE CREME DE LEITE FRESCO

5 GEMAS

BISCUIT DE AMÊNDOAS E CACAU

120 G DE MANTEIGA SEM SAL

20 G DE FARINHA DE TRIGO

10 G DE CACAU

2,5 G DE FERMENTO EM PÓ

70 G DE FARINHA DE AMÊNDOAS

2 OVOS

70 G DE AÇÚCAR

GLAÇAGEM DE CACAU

8 G DE FOLHAS DE GELATINA

80 G DE ÁGUA

240 G DE AÇÚCAR

65 G DE CACAU

165 G DE CREME DE LEITE FRESCO

TUBINHOS E RASPAS DE CHOCOLATE PARA DECORAR

Entremet de chocolate e mel

MOUSSE DE CHOCOLATE

1. Hidrate a gelatina em água fria.
2. Ferva o leite, retire do fogo e acrescente a gelatina hidratada, mexendo para que ela derreta. Em seguida, verta a mistura sobre o chocolate meio amargo picado. Misture até ficar homogêneo. Se necessário, use um mixer de mão para tal.
3. Bata o creme de leite fresco com o açúcar em chantili e misture delicadamente ao creme de chocolate.
4. Coloque a mousse em uma fôrma Bûche da Silikomart® e leve à geladeira para endurecer.

CREME DE MEL

5. Coloque as folhas de gelatina em água fria para que hidratem. Reserve.
6. Leve o mel ao fogo e acrescente o leite e o creme de leite. Misture para que dissolvam.
7. Bata as gemas até que fiquem claras e acrescente a mistura quente de mel, batendo continuamente. Transfira a mistura novamente para uma panela e cozinhe em fogo baixo até que engrosse ligeiramente. Não deixe ferver.
8. Retire do fogo e acrescente a gelatina hidratada, espremendo bem para retirar o excesso de água.
9. Deixe esfriar.
10. Coloque 1/3 do creme em uma fôrma Bûche da Silikomart® e deixe que fique ligeiramente firme.

BISCUIT DE AMÊNDOAS E CACAU

1. Derreta a manteiga e reserve.
2. Peneire a farinha de trigo, o cacau e o fermento e misture a farinha de amêndoas.
3. Bata os ovos com o açúcar até que fique bem fofo e claro, em ponto de fita. Acrescente a farinha peneirada e misture delicadamente, acrescentando a manteiga derretida ao final.
4. Despeje a massa em uma fôrma retangular pequena forrada com papel-manteiga.

GLAÇAGEM DE CACAU

1. Hidrate as folhas de gelatina em água fria.
2. Misture a água e o açúcar e leve ao fogo até que forme uma calda e o açúcar derreta completamente.
3. Retire do fogo, aguarde a fervura terminar e acrescente o cacau.
4. À parte, ferva o creme de leite. Retire do fogo, espere chegar a 70 °C e acrescente a gelatina hidratada.
5. Misture tudo, passe por uma peneira e espere atingir a temperatura de 25 °C para utilizar.

MONTAGEM

Coloque a mousse de chocolate congelada por cima da porção de creme de mel na fôrma maior, complete com mais 1/3 do creme de mel e, em seguida, adicione o biscuit. Finalize com o creme de mel e leve para congelar antes de fazer a glaçagem. Decore com os tubinhos e as raspas de chocolate.

BISCUIT DE AMÊNDOAS

60 G DE MANTEIGA SEM SAL

15 G DE FARINHA DE TRIGO

5 G DE CACAU

2 G DE FERMENTO EM PÓ

35 G DE FARINHA DE AMÊNDOAS

1 OVO

35 G DE AÇÚCAR

CROCANTE

80 G DE *PAILLETE FEULETTINE*

90 G DE CREME DE AVELÃS E CACAU

60 G DE CHOCOLATE MEIO AMARGO DERRETIDO

CREMOSO DE BAUNILHA

5 FOLHAS DE GELATINA SEM SABOR

5 GEMAS

50 G DE AÇÚCAR

1 FAVA DE BAUNILHA

140 G DE LEITE INTEGRAL

180 G DE CREME DE LEITE FRESCO

170 G DE CHOCOLATE BRANCO

MOUSSE DE CHOCOLATE MEIO AMARGO

2,5 G DE GELATINA EM FOLHA

70 G DE LEITE

125 G DE CHOCOLATE MEIO AMARGO

125 G DE CREME DE LEITE

20 G DE AÇÚCAR

GLAÇAGEM DE CACAU

8 G DE GELATINA EM FOLHA

80 G DE ÁGUA

240 G DE AÇÚCAR

65 G DE CACAU

165 G DE CREME DE LEITE FRESCO

RASPAS DE CHOCOLATE PARA DECORAR

Entremet de baunilha e crocante

BISCUIT DE AMÊNDOAS

1. Derreta a manteiga e reserve.
2. Peneire a farinha de trigo, o cacau e o fermento e misture a farinha de amêndoas.
3. Bata o ovo com o açúcar até obter uma mistura fofa e clara (ponto de fita).
4. Acrescente a farinha peneirada e misture delicadamente, acrescentando a manteiga derretida ao final.
5. Despeje a massa em uma fôrma retangular pequena forrada com papel-manteiga.
6. Asse em forno preaquecido a 170 °C. Retire do forno e deixe esfriar.
7. Remova o papel e forre o fundo de um aro retangular do mesmo tamanho.

CROCANTE

Misture todos os ingredientes e despeje sobre o biscuit de amêndoas já assado. Espere endurecer.

CREMOSO DE BAUNILHA

1. Hidrate a gelatina na água fria e reserve.
2. Bata as gemas com o açúcar até que fiquem pálidas e cremosas.
3. Abra a fava de baunilha no sentido longitudinal, raspe as sementinhas e junte ao leite. Ferva o leite com a fava e deixe descansar por 5 minutos. Coe. Leve ao fogo novamente com o creme de leite e aqueça até quase ferver. Despeje a mistura aos poucos nas gemas batidas, mexendo constantemente com um fouet. Retorne tudo para a panela e leve ao fogo até que engrosse ligeiramente, sem deixar ferver (para a mistura não talhar).
4. Retire da panela, adicione a gelatina já hidratada e, em seguida, acrescente o chocolate branco. Misture com um mixer de mão para homogeneizar e reserve.

MOUSSE DE CHOCOLATE MEIO AMARGO

1. Hidrate a gelatina em água fria.
2. Ferva o leite, retire do fogo e acrescente a gelatina hidratada, misturando para que ela derreta. Em seguida, verta a mistura sobre o chocolate meio amargo picado. Misture até que fique homogêneo. Se necessário, use um mixer de mão para tal.
3. Bata o creme de leite fresco com o açúcar em chantili e misture delicadamente ao creme de chocolate.
4. Leve a mousse à geladeira até que fique cremosa.

GLAÇAGEM DE CACAU

1. Hidrate as folhas de gelatina em água fria.
2. Leve a água e o açúcar ao fogo até que se forme uma calda e o açúcar derreta completamente.
3. Retire do fogo, aguarde a fervura terminar e acrescente o cacau.
4. À parte, ferva o creme de leite. Retire do fogo, espere chegar a 70 °C e acrescente a gelatina hidratada.
5. Misture tudo, passe por uma peneira e espere atingir a temperatura de 25 °C para utilizar.

MONTAGEM

1. Coloque o cremoso de baunilha sobre o crocante já firme e leve à geladeira para endurecer. Complete com a mousse de chocolate meio amargo.
2. Leve ao congelador para que fique firme e facilite o desmoldar. Retire o doce da fôrma e cuidadosamente retire o acetato dos lados e do fundo.
3. Coloque a glaçagem na parte superior do doce.
4. Decore com as raspas de chocolate.

BOLOS

PARA OS BOLOS DESTA SEÇÃO VOCÊ DEVE UTILIZAR AS RECEITAS DE BASE, QUE ESTÃO NO INÍCIO DO LIVRO.

Bolo Jardim Encantado

Para festinhas dos pequenos e também para um chá de bebê muito fofo, um jardim cheio de minimargaridas. Combine-o com os cake pops do mesmo tema.

PARA O BOLO

BOLO RECHEADO DE 20 CM DE DIÂMETRO POR 10 CM DE ALTURA

BOLO RECHEADO DE 10 CM DE DIÂMETRO POR 10 CM DE ALTURA

Sugestão: uma receita e meia de bolo de baunilha com ganache de chocolate ao leite (Ver capítulo Receitas de Base)

INGREDIENTES E UTENSÍLIOS

1,2 KG DE PASTA AMERICANA

1 PITADA DE CMC

COLA DE CMC

CORANTES EM GEL VERDE-FOLHA, VERMELHO, AMARELO, LILÁS E MARFIM

AÇÚCAR IMPALPÁVEL PARA POLVILHAR

250 G DE GLACÊ REAL

50 G DE MASSA ELÁSTICA

CORTADOR DE MINIMARGARIDA

CORTADOR DE MINIFOLHA

PALITOS DE MADEIRA (ESPETO DE CHURRASCO)

CORTADOR DE BABADOS PARA ACABAMENTO

TÁBUA DE 30 CM DE DIÂMETRO

TÉCNICAS UTILIZADAS

PASTA AMERICANA (P. 7)

GANACHE (P. 12)

GLACÊ REAL (P. 10)

MASSA ELÁSTICA (P. 8)

1. Comece pelos cogumelos: misture 100 g de pasta americana branca com uma pitada de CMC e modele os troncos brancos. Deixe secar por 24 horas.
2. Modele os topos com 100 g de pasta americana tingida com corante em gel vermelho e deixe secar em uma superfície reta, também por 24 horas.
3. Monte os bolos conforme as instruções iniciais de montagem. Cubra-os com uma camada de ganache para cobertura.
4. Tinja aproximadamente 900 g de pasta americana no tom verde-folha.
5. Cubra os bolos e uma tábua de 25 cm de diâmetro com pasta americana tingida de verde-folha.
6. Cole o bolo na tábua utilizando o glacê real como cola e, em seguida, coloque um suporte de sustentação no centro do bolo, apoiando o bolo menor em cima e colando-o com um pouco de glacê real.
7. Misture um pouco da pasta americana verde com a pasta branca e faça os acabamentos da base e topo usando um marcador de babado.
8. Produza 30 minimargaridas com massa elástica branca, fazendo o miolo com glacê real amarelo, como no passo a passo. Cole-as no bolo, fazendo pequenos ramos com glacê real verde.
9. Produza aproximadamente 45 unidades de folhas com massa elástica verde-folha com um tom mais escuro que a pasta americana que cobriu o bolo, e cole-as pelo topo e pelas laterais. Cole os troncos dos cogumelos no bolo, no topo e na lateral do bolo maior, afixando-os com um espeto de churrasco. Deixe uma ponta do espeto suficiente para prender o topo do cogumelo.
10. Cole bolinhas brancas no topo, fazendo o acabamento.
11. O caracol é feito com 80 g de pasta americana tingida de lilás e de bege. Modele a cabeça e o corpinho a partir de uma gota. A casca é um rolinho longo enrolado sobre si mesmo.
12. Prenda-o no bolo colando com cola de CMC.

Bolo de Bodas Rendado

Romântico e contemporâneo, para a celebração de bodas.

PARA O BOLO

BOLO RECHEADO DE 10 CM DE DIÂMETRO POR 10 CM DE ALTURA

BOLO RECHEADO DE 15 CM DE DIÂMETRO POR 10 CM DE ALTURA

BOLO RECHEADO DE 25 CM DE DIÂMETRO POR 10 CM DE ALTURA

Sugestão: três receitas de bolo de chocolate com brigadeiro de pistache (Ver capítulo Receitas de Base)

INGREDIENTES E UTENSÍLIOS

2 KG DE PASTA AMERICANA

CORANTES EM GEL AMARELO E MARROM

100 G DE MASSA ELÁSTICA CASEIRA OU DE MASSA DE FLORES INDUSTRIALIZADA

MARCADOR DE TEXTURA DE RENDA

BICO PERLÊ NÚMERO 1 OU 2

250 G DE GLACÊ REAL

CORTADOR DE FLOR DE HORTÊNSIA

TÁBUA DE 40 CM DE DIÂMETRO

COLA DE CMC

TÉCNICAS UTILIZADAS

INSTRUÇÕES DE MONTAGEM (P. 11)

GANACHE PARA COBERTURA (P. 12)

MASSA ELÁSTICA (P. 8)

GLACÊ REAL (P. 10)

1. Monte os bolos conforme as instruções iniciais de montagem. Cubra-os com uma camada de ganache para cobertura.
2. Tinja a pasta americana em um tom de areia, utilizando corante em gel amarelo e marrom.
3. Cubra os 3 bolos e a tábua.
4. Cole o bolo maior na tábua de 40 cm de diâmetro e coloque suportes de sustentação no centro. Cole o bolo de 15 cm e, em seguida, o de 10 cm.
5. Utilizando massa elástica com espessura bem fina, recorte aproximadamente 140 flores com um cortador de hortênsia.
6. Guarde as flores dentro de um saquinho plástico hermético para que não ressequem.
7. Apoie cada flor em um marcador de textura de renda e pressione com os dedos suavemente, para que elas ganhem textura. Cole-as no bolo com cola de CMC, deixando um pequeno espaço entre cada uma.
8. Faça o contorno das flores e conecte uma à outra com glacê real, utilizando bico perlê tamanho 1 ou 2.
9. Faça o acabamento na base dos bolos com o mesmo bico utilizado para o contorno das flores.

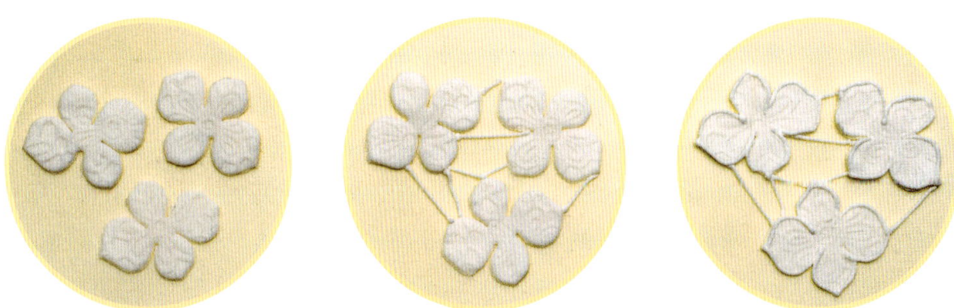

Bolo de Noiva Vitoriano

Inspirado na clássica técnica inglesa, decorado com glacê real e trabalho de bicos.

PARA O BOLO

BOLO RECHEADO DE 15 CM DE DIÂMETRO POR 10 CM DE ALTURA

PEÇA DE ISOPOR DE 20 CM DE DIÂMETRO POR 12 CM DE ALTURA.

BOLO RECHEADO DE 30 CM DE DIÂMETRO POR 10 CM DE ALTURA

BASE DE ISOPOR DE 35 CM DE DIÂMETRO POR 4 CM DE ALTURA

Sugestão: seis receitas de bolo de chocolate com ganache de chocolate meio amargo (Ver capítulo Receitas de Base)

INGREDIENTES E UTENSÍLIOS

3,5 KG DE PASTA AMERICANA

BASE DE ISOPOR DE 35 CM DE DIÂMETRO E 4 CM DE ALTURA

TÁBUA DE 40 CM DE DIÂMETRO

1 KG DE GLACÊ REAL

BICOS PERLÊ NÚMERO 1 E 2

BICOS PITANGA NÚMERO 18 E 22

ALFINETE

TÉCNICAS UTILIZADAS

PASTA AMERICANA (P. 7)

GANACHE DE REVESTIMENTO (P. 12)

GLACÊ REAL (P. 10)

1. Cubra os dois bolos, as bases de isopor e a tábua de 40 cm de diâmetro com pasta americana branca.
2. Prepare aproximadamente 1 kg de glacê real. Seguindo o passo a passo e os pontos básicos, faça as decorações pela lateral do bolo, utilizando bico perlê número 2 e bico pitanga pequeno. Para facilitar o trabalho, faça uma marcação prévia no bolo antes de começar a trabalhar. Para tal, corte uma tira de papel-manteira longa o suficiente para envolver o bolo. No caso de bolos grandes, emende tiras mais curtas se necessário. Dobre-a ao meio sucessivamente até obter uma face de 4 cm de largura. Faça o desenho de um segmento da guirlanda, recorte e, em seguida, abra a tira e envolva o bolo, prendendo-a com um alfinete. Marque o desenho da guirlanda usando um alfinete (ver foto na p. 10), um cell pin (ferramenta de decoração de bolos) ou outra ferramenta com ponta. Feito isso, basta confeitar com glacê real.

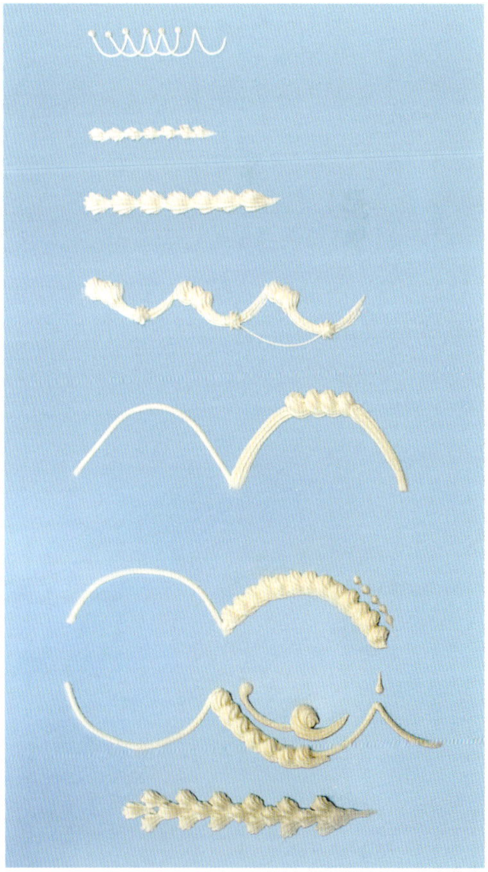

Bolo da Debutante

Ideia atual para comemorar um aniversário importante, perfeito para uma festa de debutante.

PARA O BOLO

BOLO RECHEADO DE 10 CM DE DIÂMETRO POR 10 CM DE ALTURA

BOLO RECHEADO DE 15 CM DE DIÂMETRO POR 10 CM DE ALTURA

BOLO RECHEADO DE 20 CM DE DIÂMETRO POR 10 CM DE ALTURA

Sugestão: quatro receitas de bolo de chocolate com brigadeiro de pistache (Ver capítulo Receitas de Base)

INGREDIENTES E UTENSÍLIOS

BASE DE ISOPOR DE 25 CM DE DIÂMETRO POR 10 CM DE ALTURA

2,5 KG DE PASTA AMERICANA

150 G DE MASSA ELÁSTICA CASEIRA OU DE MASSA PARA FLORES INDUSTRIALIZADA

CORANTE EM PÓ PEROLADO

CORANTE EM GEL AZUL-TURQUESA

COLA DE CMC

TÁBUA DE MADEIRA DE 35 CM DE DIÂMETRO

ESTILETE

PAPEL-TOALHA

TÉCNICAS UTILIZADAS

MASSA ELÁSTICA (P. 8)

PASTA AMERICANA (P. 7)

GLACÊ REAL (P. 10)

1. Confeccione laços com massa elástica: abra a massa em espessura bem fina, em uma superfície lisa untada com gordura vegetal, ou em um *board* para abrir massas.
2. Para cada laço, recorte 2 tiras de 2 cm de largura por 7 cm de comprimento, dobre-as ao meio colando as pontas com cola de CMC e deixando os laços para secar apoiados lateralmente, conforme a foto do passo a passo.
3. Deixe secar por 24 horas.
4. Tinja a pasta americana com corante em gel azul-turquesa.
5. Cubra todos os bolos e a tábua com a mesma pasta.
6. Coloque os suportes internos de sustentação nos bolos de 25 cm, 20 cm e 15 cm.
7. Cole todos com glacê real (ver na p. 10).
8. Faça bolinhas por toda a lateral dos bolos de 10 cm e de 20 cm de diâmetro com um bico perlê pequeno (número 2).
9. Com a mesma massa elástica usada para fazer parte dos laços, recorte uma tira de 2 cm de largura por 14 cm de comprimento. Corte-a no meio, corte uma das extremidades em diagonal e cole-as lado a lado nos locais onde pretende aplicar os laços. Com um pouco de glacê real, cole cada metade do laço em cima de cada par de fitas e faça um acabamento no centro com um pedaço pequeno de massa elástica.
10. Dê o acabamento na base de todos os bolos com glacê real e bico perlê número 3.

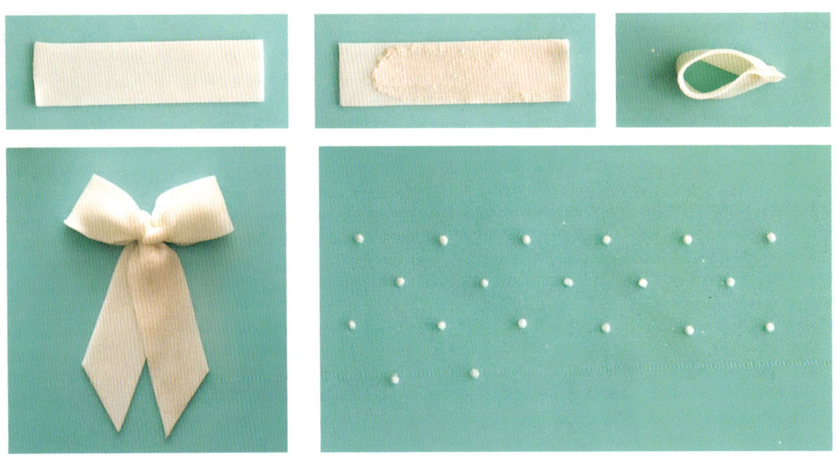

Bolo Bordado

Alegre e delicado, este é um bolo versátil, que pode alegrar aniversários de todas as idades.

PARA O BOLO

BOLO RECHEADO DE 10 CM DE DIÂMETRO POR 10 CM DE ALTURA

BOLO RECHEADO DE 15 CM DE DIÂMETRO POR 10 CM DE ALTURA

BOLO RECHEADO DE 20 CM DE DIÂMETRO POR 10 CM DE ALTURA

Sugestão: duas receitas de bolo bicho de pé (Ver capítulo Receitas de Base)

INGREDIENTES E UTENSÍLIOS

1,5 KG DE PASTA AMERICANA

CORTADOR DE BABADOS

CORANTE EM GEL AMARELO

CORTADOR DE FLOR DE 5 PÉTALAS PEQUENO

300 G DE GLACÊ REAL

BICO PERLÊ NÚMERO 2

TÁBUA DE MADEIRA DE 25 CM DE DIÂMETRO

TÉCNICAS UTILIZADAS

PASTA AMERICANA (P. 7)

GLACÊ REAL (P. 10)

1. Cubra os três bolos com pasta americana branca.
2. Com a ajuda de um cortador de babados, recorte duas tiras de pasta americana tingida com corante em gel amarelo e cole-as no centro do bolo de 15 cm e na base do bolo de 20 cm.
3. Com a ajuda de um cortador de flores de 5 pétalas, marque a superfície do bolo de 20 cm de diâmetro com o formato da flor, facilitando assim o desenho das flores.
4. Utilizando glacê real tingido de corante em gel amarelo, faça o contorno de todas as flores. Trabalhe aos poucos, de 3 em 3 flores, e, em seguida, faça o trabalho de bordado de *brush embroidery* (ver na p. 143): tenha à mão um recipiente pequeno com água filtrada e um pincel pequeno de cerdas firmes. Umedeça o pincel na água e retire o excesso em um pedaço de papel-toalha. Na sequência, faça movimentos leves e precisos, partindo da borda das pétalas em direção ao centro da flor, criando o efeito de bordado.
5. Para seu preparo, dilua o glacê real na consistência tradicional com um pouco de água filtrada. O glacê terá então uma consistência semelhante à do mel e, quando mexido, todas as marcas desaparecerão em 10 segundos. Para facilitar o preenchimento do molde, coloque-o em um saco de confeitar e utilize um bico mais largo, como o perlê número 3.
6. Ainda com glacê real amarelo, contorne as faixas e faça bolinhas na superfície branca de pasta americana e na base de todos os bolos.

Bolo Festa na Piscina

Ideia divertida para uma festinha na piscina com os melhores amigos.

PARA O BOLO

BOLO RECHEADO DE 20 CM DE DIÂMETRO POR 10 CM DE ALTURA

Sugestão: uma receita de bolo de baunilha com recheio de ganache de chocolate ao leite (Ver capítulo Receitas de Base)

INGREDIENTES E UTENSÍLIOS

1 KG DE PASTA AMERICANA

CORANTES EM GEL VERDE-ÁGUA, BEGE, AMARELO, AZUL, LARANJA, LILÁS, MARROM E PRETO

BICOS PERLÊ DE TAMANHOS VARIADOS OU CORTADORES REDONDOS E LISOS DE 2 E 4 CM DE DIÂMETRO

COLA DE CMC

40 G DE GEL DE BRILHO

PINCÉIS VARIADOS

TESOURA DE BORDADO DE PONTA FINA

ESTECAS DE MODELAGEM

MARCADOR DE BOCA

TÉCNICAS UTILIZADAS

PASTA AMERICANA (P. 7)

MASSA DE PASTILHAGEM (P. 9)

1. Cubra o bolo com pasta americana tingida com corante verde-água. Tinja uma pequena porção da pasta com um tom mais escuro e recorte bolinhas de tamanhos variados, utilizando bicos de confeitar lisos como molde.
2. Faça a borda da piscina com pasta americana tingida com corante em gel bege bem claro.
3. Para a escada, faça dois rolinhos de pastilhagem e apoie-os nas bordas da piscina. Cole com cola de CMC.
4. Para imitar a água da piscina, misture 40 g de gel de brilho com corante azul em gel e aplique com um pincel largo no espaço delimitado pela borda da piscina.
5. Modele a banhista seguindo o passo a passo: faça um rolinho grosso com pasta americana laranja e enrole-o formando a boia. O corpo deve ser modelado a partir de 20 g de pasta americana lilás. As pernas, a partir de duas bolinhas de 3 g de pasta americana tingida no tom de pele desejado. Para tanto, utilize corantes em gel verde e laranja, em quantidades mínimas, para pele branca. Para pele morena ou negra, acrescente uma gotinha de corante marrom até obter o tom desejado. Para os braços, duas bolinhas alongadas de 2 g cada uma. Faça um rolinho longo afinando um dos lados e belisque a extremidade para formar a mão. Com uma tesoura de ponta fina (de bordado), recorte os dedos, fazendo 5 cortes, sendo os dos polegares os mais importantes: faça um corte reto e outro angulado.
6. Acrescente detalhes a gosto, como os óculos de sol, modelados a partir de duas bolinhas de pasta americana preta.

Bolo Baby

Do chá de bebê ao primeiro aniversário, decoração sofisticada que pode ser personalizada, variando-se as cores escolhidas e os detalhes da boneca. Combine-o com cupcakes do mesmo tema.

PARA O BOLO

BOLO RECHEADO DE 20 CM DE DIÂMETRO POR 10 CM DE ALTURA

Sugestão: uma receita de bolo de baunilha com recheio de ganache de chocolate ao leite (Ver capítulo Receitas de Base)

INGREDIENTES E UTENSÍLIOS

950 G DE PASTA AMERICANA

COLA DE CMC

CMC

CORANTES EM GEL LARANJA, VERDE, ROSA, MARROM

TESOURA DE BORDADO DE PONTA FINA

PLACA MARCADORA DE MATELASSÊ

PALITO DE MADEIRA (ESPETO DE CHURRASCO)

PINCEL

ESTECAS DE MODELAR

TÁBUA DE MADEIRA DE 30 CM DE DIÂMETRO

MASSA DE FLORES INDUSTRIALIZADA

TÉCNICA UTILIZADA

PASTA AMERICANA (P. 7)

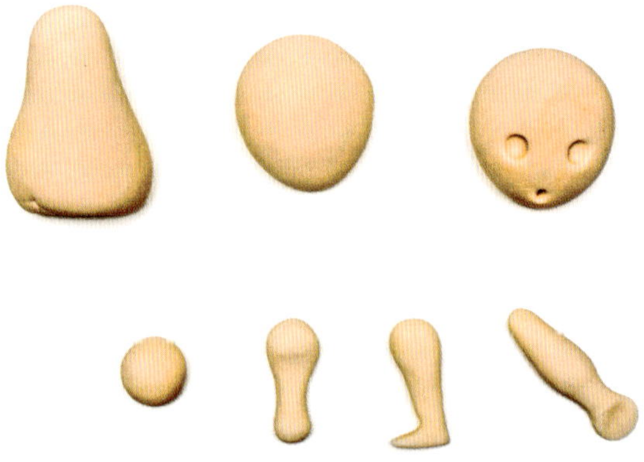

1. Cubra o bolo de pasta americana branca.
2. Tinja 200 g de pasta americana de rosa-claro e abra uma tira longa. Faça a textura quadriculada com um marcador de matelassê. Apare as laterais e enrole a tira em um rolinho pequeno. Desenrole colando-a na lateral do bolo com cola de CMC.
3. Para a bonequinha do bebê, siga o passo a passo: utilize pasta americana tingida com corantes em gel verde e laranja, em quantidades mínimas, para uma pele branca. Para pele morena ou negra, acrescente uma gotinha de corante marrom até obter o tom desejado.
4. Para facilitar a modelagem, também é recomendável acrescentar CMC na pasta americana, na proporção de 5 g para cada 400 g de pasta. Em climas muito úmidos, uma sugestão interessante é usar uma mistura de pasta americana e massa de flores, na proporção de 50% de cada uma, para facilitar a secagem.
5. Modele primeiro o corpo. Faça uma bolinha de 60 g e molde-o no formato de uma pera alongada. É interessante modelar os bonecos em uma base de isopor e transferi-los para o bolo quando estiverem prontos.
6. Passe um palito de madeira (espeto de churrasco) por todo o corpo; ele servirá para segurar a cabeça e afixar a boneca no bolo.
7. Espere o corpo secar para modelar a cabeça, que é bem pesada. Caso contrário, o corpinho irá deformar com o peso.
8. Tanto as pernas como os braços começam com uma bolinha, depois alongada e afinada em uma das extremidades (para formar pé e mão). Dobre as 4 peças, marcando cotovelos e joelhos, e cole-as no bolo com cola de CMC.
9. Para a cabeça, modele uma bolinha com 40 g de pasta americana bege-claro ou salmão. Afine ligeiramente um lado, dando o suave formato de uma gota grossa. Marque os olhos com um boleador pequeno, e a boca, com uma esteca de ponta fina, conforme a foto. Preencha os olhos com 2 bolinhas de pasta branca bem pequenas e acrescente bolinhas pretas miúdas.
10. Marque as bochechas com um toque de corante cor-de-rosa em pó, aplicado com pincel macio.
11. Cole a cabeça no topo do corpo, prendendo-a com o palito.
12. Com pasta americana cor-de-rosa, faça o babador e, depois, o lacinho a partir de uma tira pequena.

Bolo Meu Pet Preferido

Para fazer uma surpresa!

PARA O BOLO

BOLO RECHEADO DE 15 CM DE DIÂMETRO POR 10 CM DE ALTURA

Sugestão: meia receita de bolo de chocolate com recheio de brigadeiro de pistache (Ver capítulo Receitas de Base)

INGREDIENTES E UTENSÍLIOS

800 G DE PASTA AMERICANA

CORANTES EM GEL AZUL, MARROM, PRETO E ROSA

CMC

COLA DE CMC

CORTADOR DE BABADO

CORTADOR DE FLOR PEQUENO

PALITO DE MADEIRA LONGO (ESPETO DE CHURRASCO)

TÁBUA DE MADEIRA DE 20 CM DE DIÂMETRO

BOLEADOR

TÉCNICAS UTILIZADAS

PASTA AMERICANA (P. 7)

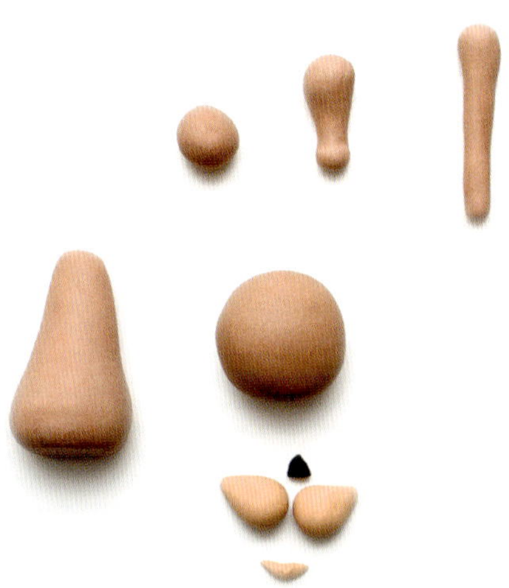

1. Cubra o bolo com pasta americana tingida com corante em gel azul.
2. Tinja 100 g de pasta com um tom mais escuro, abra uma tira longa e fina e faça o acabamento do topo do bolo com um cortador de babado.
3. Com um cortador de flores miúdas e pasta americana branca, corte miniflores para decorar a lateral do bolo.
4. Mode um rolinho bem fino de pasta americana azul e, com ele, faça o acabamento na base do bolo.
5. Modele o cachorro seguindo o passo a passo.
6. Utilize pasta americana tingida com corante em gel marrom. Para facilitar a modelagem, também é recomendável acrescentar CMC na pasta americana na proporção de 5 g para cada 400 g de pasta. Em climas muito úmidos, uma sugestão interessante é usar uma mistura de pasta americana (ver na p. 93), na proporção de 50% de cada uma, para facilitar a secagem.
7. Modele primeiro o corpo. Faça uma bolinha de 100 g e molde-a no formato de pera alongada. É preferível modelar os bonecos em uma base de isopor e transferi-los para o bolo quando estiverem prontos.
8. Passe um palito de madeira (espeto de churrasco) por todo o corpo, que servirá para segurar a cabeça e afixar o cachorro no bolo.
9. Espere o corpo secar para modelar a cabeça, que é bem pesada. Caso contrário, o corpinho pode deformar com o peso.
10. As patas são modeladas a partir de bolinhas de 6 g cada. As traseiras devem ter formato de pera e serem dobradas. As dianteiras devem ser rolinhos bem longos, que cubram toda a frente do corpo. Dobre as pontas de baixo e cole com cola de CMC.
11. Modele a cabeça a partir de uma bola de 40 g de pasta americana marrom.
12. Faça uma bola achatada e prenda-a no corpo. Modele duas coxinhas para o focinho, utilizando 5 g de pasta americana marrom-clara para cada uma. Cole-as na parte média inferior da cabeça.
13. Para as orelhas, modele duas bolinhas bem pequenas com a mesma pasta americana que usou para o focinho (pasta americana marrom-clara), afinando a extremidade como uma gota. Com a ajuda de um boleador, abra a parte mais larga, formando a base da orelha. Cole na cabeça do cachorro com cola de CMC, deixando que a ponta fique ligeiramente dobrada para baixo.
14. O focinho é uma bolinha bem pequena de pasta americana preta, e os olhos são feitos a partir de pasta americana preta e banca, intercalando um círculo preto maior, um branco intermediário e por fim uma bolinha preta para as pupilas. A língua é feita com uma bolinha minúscula de pasta americana rosa, alongada e marcada no centro com uma esteca.

PARA O BOLO

BOLO RECHEADO DE 10 CM DE DIÂMETRO POR 10 CM DE ALTURA

BOLO RECHEADO DE 15 CM DE DIÂMETRO POR 10 CM DE ALTURA

BOLO RECHEADO DE 20 CM DE DIÂMETRO POR 10 CM DE ALTURA

BOLO RECHEADO DE 30 CM DE DIÂMETRO POR 10 CM DE ALTURA

Sugestão: cinco receitas de bolo de chocolate com recheio de chocolate meio amargo (Ver capítulo Receitas de Base)

INGREDIENTES E UTENSÍLIOS

3 KG DE PASTA AMERICANA

CORANTES EM GEL ROSA, VERDE, MARROM E AMARELO

400 G DE GLACÊ REAL

CORTADOR DE FLOR DE 5 PÉTALAS

200 G DE MASSA PARA FLORES INDUSTRIALIZADA

PAPEL-MANTEIGA

BOLEADOR

ESTECA DRESDEN

MARCADOR DE FOLHAS

CORTADOR DE FLOR DE HORTÊNSIA

COLA DE CMC

FITA FLORAL

ARAME FLORAL NÚMERO 18 PARA A ROSA, NÚMERO 26 PARA AS HORTÊNSIAS E NÚMERO 28 PARA AS FOLHAS

SUPORTE PARA INSERÇÃO DE FLORES DE AÇÚCAR OU CANUDO DE PLÁSTICO

TÁBUA DE MADEIRA DE 35 CM DE DIÂMETRO

BICO PITANGA PEQUENO

TÉCNICAS UTILIZADAS

PASTA AMERICANA (P. 7)

GLACÊ REAL (P. 10)

MASSA ELÁSTICA (P. 8)

Bolo Rosa Inglesa

Toda a beleza das rosas inglesas em um modelo que torna o casamento ainda mais especial.

1. Cubra os quatro bolos com pasta americana tingida com corante em gel em tom de areia. Para obter essa cor, use uma mistura de corante em gel amarelo e marrom.
2. Os desenhos na lateral do bolo devem ser feitos com glacê real e bico pitanga pequeno. Podem ser desenhados à mão livre ou seguindo uma marcação, conforme o passo a passo. Faça uma tira de papel-manteiga para cada andar que seja longa o suficiente para envolver cada um dos bolos. Dobre-a no meio, depois no meio dessa metade e assim sucessivamente até obter um pequeno quadrado. Recorte um formato de gota, de modo que, ao abrir a tira, veja vários corações unidos.
3. Utilize-a como guia, alternando o sentido em cada andar e fazendo pequenos arabescos redondos, tanto no início quanto no fim.
4. Para as rosas inglesas, me inspirei na técnica da grande autora Maggie Austin, ainda que de forma simplificada. Utilize massa elástica ou massa para flores comprada pronta. Tinja-a em 2 tons de rosa, um ligeiramente mais escuro que o outro.
5. Para recortar as pétalas, serão utilizados 2 cortadores de cinco pétalas de tamanhos diferentes.
6. Comece confeccionando o centro da flor, modelado a partir de uma bolinha alongada no formato de gota. É importante que este centro seja proporcional ao tamanho do cortador de flor de 5 pétalas que será utilizado. Espete um arame número 18 e deixe secar.
7. Abra a massa de flores ou elástica em uma espessura bem fina, de 1 milímetro. Corte. Afine as bordas com um boleador, tomando o cuidado de não frisar as pétalas. Apoie no *pad* de espuma e cole o centro da flor no meio, passando o arame pelo orifício do *pad*. Passe cola de CMC nas bordas de cada uma das pétalas à medida que for colando-as, abraçando o cone de pasta (centro da flor). Deixe uma abertura superior, como no passo a passo, e agrupe todas as pétalas. Corte novamente cinco pétalas e repita esse procedimento, distribuindo-as uniformemente. Repita mais uma vez, desta vez aumentando ligeiramente o formato de cada pétala. Por fim, repita-o novamente.
8. Para as pétalas externas, utilize a pasta mais clara e o cortador maior. Afine as bordas e frise-as ligeiramente, deixando-as curvadas para fora. Cole com cola de CMC.
9. Deixe secar em uma base de isopor.
10. Monte pequenos arranjos no bolo, complementando as rosas com folhas e hortênsias, seguindo o passo a passo do Bolo Buquê de Hortênsias (ver na p. 123). Una as flores com fita floral. Insira os arranjos no bolo, utilizando um suporte para inserção de flores de açúcar (que pode ser comprado em lojas especializadas) ou um canudo de plástico.

Bolo Dogwood

Decorado com flores nativas da América do Norte reproduzidas em açúcar, é o bolo perfeito para um lindo casamento diurno.

PARA O BOLO

BOLO RECHEADO DE 10 CM DE DIÂMETRO POR 10 CM DE ALTURA

BOLO RECHEADO DE 15 CM DE DIÂMETRO POR 10 CM DE ALTURA

BOLO RECHEADO DE 20 CM DE DIÂMETRO POR 10 CM DE ALTURA

BOLO RECHEADO DE 25 CM DE DIÂMETRO POR 10 CM DE ALTURA

BOLO RECHEADO DE 30 CM DE DIÂMETRO POR 10 CM DE ALTURA

Sugestão: seis receitas de bolo de chocolate com recheio de chocolate meio amargo (Ver capítulo Receitas de Base)

INGREDIENTES E UTENSÍLIOS

4 KG DE PASTA AMERICANA

300 G DE MASSA ELÁSTICA

CORTADOR DE FLOR DOGWOOD

CORANTE EM GEL VERDE-LIMÃO

CORANTE EM PÓ BORDÔ

CORANTE BORDÔ

BICOS PERLÊ NÚMERO 2 E 3

BICO FOLHA PEQUENO

BICO CHUVEIRINHO

PLACA MARCADORA DE FLORES

TÁBUA DE MADEIRA DE 35 CM DE DIÂMETRO

PLACA (PAD) PARA FLORES

TÉCNICAS UTILIZADAS

PASTA AMERICANA (P. 7)

MASSA ELÁSTICA (P. 8)

GLACÊ REAL (P. 10)

1. Cubra todos os bolos com pasta americana branca.
2. Produza aproximadamente 50 unidades de flor. Estou usando aqui cortadores e marcadores de flor Dogwood da Wilton.
3. Para as flores, siga o passo a passo: abra a massa elástica ou a massa para flores industrializada em um *pad* de flores, recorte-a e, em seguida, pressione a frente da flor no marcador.
4. Coloque-as para secar apoiadas em pequenos montes de açúcar impalpável, para criar um certo movimento nas pétalas. Com um pincel macio, pinte as bordas das pétalas com corante bordô, e o centro, com um toque de verde. Faça o miolo utilizando bico chuveirinho e glacê real verde-limão.
5. Faça os acabamentos na base de todos os andares com bico perlê número 3 e glacê real tingido com corante em gel verde-limão. Com a mesma cor de glacê, desenhe ramos pelos andares e cole as flores harmoniosamente.
6. Finalize fazendo folhas com bico folha.

PARA O BOLO

BOLO RECHEADO DE 15 CM DE DIÂMETRO POR 10 CM DE ALTURA

BOLO RECHEADO DE 20 CM DE DIÂMETRO POR 10 CM DE ALTURA

Sugestão: uma receita e meia de bolo de baunilha com recheio de chocolate ao leite (Ver capítulo Receitas de Base)

INGREDIENTES E UTENSÍLIOS

1,6 KG DE PASTA AMERICANA

CORANTES EM GEL MARROM, LARANJA, VERDE-LIMÃO, ROXO, ROSA E PRETO

CORANTE EM PÓ ROSA

CORTADOR QUADRICULADO PARA ACABAMENTO

BICOS PERLÊ DE DIÂMETROS VARIADOS OU CORTADORES REDONDOS E LISOS DE 2 E 4 CM DE DIÂMETRO

1 PITADA DE CMC

COLA DE CMC

ESTECAS DE MODELAR

BOLEADOR PEQUENO

BISTURI

TÁBUA DE MADEIRA DE 25 CM DE DIÂMETRO

TÉCNICA UTILIZADA

PASTA AMERICANA (P. 7)

Bolo Festa do Dinossauro

Um dos bichinhos preferidos das crianças, este bolo anima qualquer festa.

1. Comece modelando o dinossauro de acordo com o passo a passo.
2. Faça uma bolinha de aproximadamente 120 g de pasta americana tingida com corante em gel verde--limão. Caso não tenha esse corante, misture um pouco de verde com amarelo até obter a cor desejada. Coloque uma pitada de CMC na pasta e sove bem. Assim, a peça secará mais rapidamente.
3. Deixe a bolinha bem lisa e, em seguida, afine duas extremidades, formando o rabo e o pescoço do dinossauro. Apoie sobre uma base de isopor e deixe secar.
4. Para a cabeça, modele uma bolinha de 65 g de pasta americana na mesma cor. Role a bolinha na palma da mão, marcando o centro com o dedo indicador e alongando-a. Cole no pescoço, prendendo a cabeça com a ajuda de um palito de churrasco e uma gotinha de cola de CMC.
5. Com um boleador pequeno, marque o nariz e, na parte superior, dois pequenos orifícios para os olhos.
6. Para finalizar os olhos, preencha cada orifício com uma bolinha de pasta americana branca, alise-a com o boleador pequeno e, em seguida, cole duas pequenas bolinhas tingidas com corante em gel preto.
7. A boca é feita utilizando a base de um bico de confeitar.
8. As patas dianteiras e traseiras também são modeladas a partir de bolinhas. As traseiras levam 10 g de pasta americana (cada), e as dianteiras, 6 g.
9. Faça uma bolinha e alongue-a no formato de um rolinho, deixando uma das extremidades mais fina. Belisque a ponta conforme o passo a passo.
10. Para as escamas da cabeça e as costas do dinossauro, abra uma pequena porção de pasta americana roxa em uma tira longa, e com a ajuda de um estilete ou bisturi, recorte uma das bordas em triângulos. Cole-os com cola de CMC.
11. Para o acabamento dos bolos, faça uma borda decorativa utilizando um cortador quadriculado e bolinhas de tamanhos variados utilizando bicos de confeitar perlê.
12. Para fazer o "bolo de aniversário" do dinossauro, abra pasta americana tingida com corante em gel rosa bem claro em uma espessura de 1,5 cm. Corte dois círculos, utilizando cortadores redondos, de 3 e 4 cm de diâmetro respectivamente. Eles serão as camadas de bolo. Tome cuidado para não deformá-los.
13. Abra a pasta americana tingida de rosa em uma espessura bem fina (2 milímetros) e recorte dois círculos de 3,5 e 4,5 cm de diâmetro respectivamente. Com bastante cuidado, puxe as bordas destes círculos rosa de forma irregular, para que, quando colocados no topo das camadas, apareça o efeito de "cobertura" de bolo.
14. Passe cola de CMC no topo de cada "camada" de bolo e coloque o círculo rosa por cima, deixando as bordas irregulares caírem pela lateral da camada. Coloque a camada menor em cima da maior, colando com cola de CMC.
15. Para a vela, faça um rolinho muito fino de massa elástica tingida de corante em gel preto e deixe secar por alguns minutos. Cole no topo do bolo. Faça o acabamento com uma bolinha minúscula de massa elástica tingida de corante em gel laranja imitando a chama da vela.

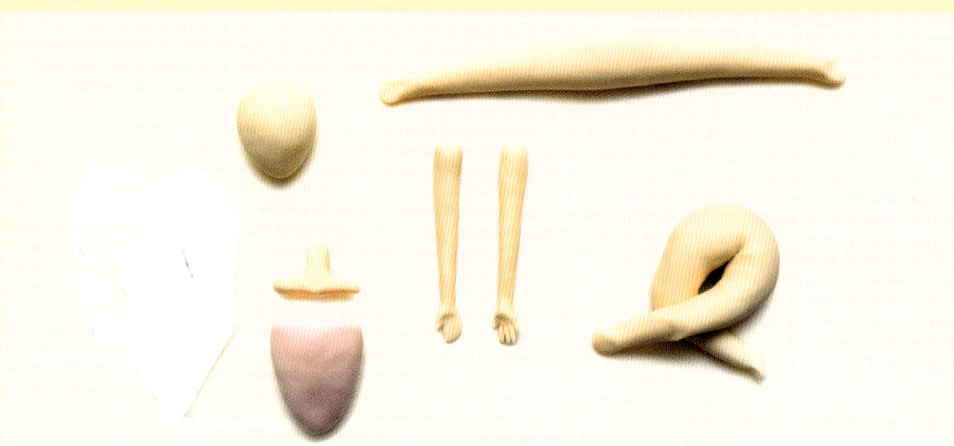

PARA O BOLO

BOLO RECHEADO DE 10 CM DE DIÂMETRO POR 10 CM DE ALTURA

BOLO RECHEADO DE 15 CM DE DIÂMETRO POR 10 CM DE ALTURA

Sugestão: uma receita de bolo de baunilha com recheio de chocolate ao leite (Ver capítulo Receitas de Base)

INGREDIENTES E UTENSÍLIOS

880 G DE PASTA AMERICANA

80 G DE MASSA ELÁSTICA

40 G DE MASSA DE PASTILHAGEM

CORANTE EM PÓ ROSA

CORANTES EM GEL ROSA, MARROM, VERMELHO E LILÁS

CMC

COLA DE CMC

RÉGUA

ESPUMA DE BOLEAR

BOLEADOR GRANDE

PALITO DE MADEIRA (ESPETO DE CHURRASCO)

PAPEL-MANTEIGA

GLITTER COMESTÍVEL ROSA FURTA-COR

TÁBUA DE MADEIRA DE 25 CM DE DIÂMETRO

PINCEL LARGO

GORDURA VEGETAL

TÉCNICAS UTILIZADAS

PASTA AMERICANA (P. 7)

MASSA ELÁSTICA (P. 8)

MASSA DE PASTILHAGEM (P. 9)

GLACÊ REAL (P. 10)

Bolo da Fada

Um dos temas mais amados para aniversários infantis e surpresas.

1. Cubra os bolos com pasta americana branca e deixe-os descansar por aproximadamente oito horas, para que a pasta fique mais firme. Essa etapa é importante, pois os bolos serão invertidos para a decoração. No meio-tempo, modele a fadinha.
2. Este bolo tem as laterais revestidas de fitas de açúcar, dando um suave efeito *ombrée*. Para tal, misture 80 g de pasta americana com 80 g de massa elástica. Separe 40 g e tinja com corante em gel rosa suave, mas considere que será o tom mais escuro do bolo. Separe 20 g dessa pasta e reserve. Misture o restante com mais 40 g de pasta branca.
3. Para colar as fitas no bolo, trabalhe com os bolos invertidos (de cabeça para baixo) apoiados em uma base de isopor de diâmetro ligeiramente menor.
4. Comece pelo bolo superior e a pasta reservada que permaneceu branca. Abra a massa na espessura de 1 milímetro e, com a ajuda de uma régua, corte fitas de 1,5 cm de largura.
5. Apoie-as em uma espuma de trabalho e afine as bordas com um boleador grande, sem deixá-las curvadas. Passe cola de CMC na base e cole-as na borda superior do bolo.
6. Repita o processo até dar 4 voltas no bolo e em seguida comece a utilizar a pasta no tom de rosa suave. Continue até terminar os dois bolos, sendo que a última massa a ser utilizada será o tom de rosa mais escuro.
7. Deixe que as fitas sequem presas ao bolo por 30 minutos, em seguida vire os bolos novamente. Cole o bolo maior na tábua, e o bolo menor, no topo.
8. A fadinha pode ser modelada com bastante antecedência, sobre uma base de isopor, ou pode ser modelada diretamente no bolo. Neste caso, lembre-se de confeccionar as asas na véspera.
9. Comece pelas asas. Primeiramente, desenhe um molde para a asa em papel-manteiga.
10. Abra aproximadamente 20 g de massa para flores branca ou pastilhagem em uma espessura muito fina, em uma superfície polvilhada com açúcar impalpável. Recorte uma asa, vire o papel-manteiga e recorte a asa oposta. Deixe secar por 24 horas.
11. Para o corpo da fada, tinja aproximadamente 150 g de pasta americana, utilize corantes em gel verde e laranja, em quantidades mínimas, para uma pele branca. Para pele morena ou negra, acrescente uma gotinha de corante marrom até obter o tom desejado. Coloque uma pitada de CMC na pasta, para facilitar a modelagem.
12. Começa pela perna: faça um rolinho com 60 g de pasta, afinando as extremidades e deixando o centro mais espesso. Marque os pés, pressionando as extremidades. Dobre o rolinho ao meio e acomode as pernas uma sobre a outra, para simular a posição sentada da fadinha. Belisque suavemente as pernas próximo de onde elas se encontram, para marcar os joelhos.
13. Para os braços, modele dois rolinhos com a mesma pasta, afinando uma das extremidades e simulando os pulsos. Achate a ponta da extremidade mais fina formando a mão. Com a ajuda de uma tesoura de bordado, corte os dedos, começando pelo corte do polegar, como no passo a passo. Em seguida corte a parte mais larga duas vezes, formando os dedos.
14. Para o corpo e o vestido utilize aproximadamente 40 g de massa elástica tingida de rosa-claro. Separe 30 g e modele uma gota. Achate-a levemente e faça um corte na parte mais larga para formar os ombros. Para a peça que irá simular ombro e pescoço, utilize 10 g da pasta. Amasse bem, modele um rolinho grosso e belisque o meio, puxando levemente para cima, formando uma peça com 3 extremidades, como no passo a passo. Afine as extremidades e corte algum excesso de massa que possa haver.
15. Abra o restante da massa elástica rosa em uma espessura bem fina e recorte as saias, usando um aro cortador de 6 cm de diâmetro. Faça dois discos. Com um boleador, afine as bordas do círculo, e recorte o centro, utilizando um aro cortador com 3 cm de diâmetro. Cole as saias sobre as pernas dobradas, com cola de CMC. Sobreponha-as e dê um pouco de movimento, simulando tecido.
16. Com a ajuda de um espeto de churrasco, de madeira, posicione o corpo da fadinha sobre as pernas e a saia, fixando-o no bolo (ou na peça de isopor, caso esteja fazendo a fada com antecedência). Em seguida, posicione o pescoço. Corte o excesso de palito com um alicate, deixando uma ponta de 1 cm para fixação da cabeça da fada. Modele a cabeça com 15 g da pasta igual à do corpo, fazendo o formato de uma gota bem gordinha, como aparece no passo a passo. Fixe-a na fada com cola de CMC, utilizando o apoio do espeto de churrasco. Cole os braços na lateral do corpo, usando cola de CMC. Se preferir, dobre um deles para simular movimento, como na foto. Neste caso, utilize um apoio para o braço até a completa secagem da peça.
17. Faça o cabelo da fada com 10 g de pasta americana marrom. Modele diversos rolinhos e aplique-os na lateral e topo da cabeça, colando com cola de CMC. Pinte olhos e boca com corante em gel, utilizando um pincel bem fino, e faça o nariz com uma bolinha muito pequena de pasta americana.
18. Finalize com as asas: com a ajuda de um pincel largo e achatado, passe uma camada muito fina e delicada de gordura vegetal nas bordas das asas já secas. Em seguida, polvilhe com glitter comestível
19. Aplique glacê real em consistência firme no centro de cada asa e cole-as nas costas da fadinha.

Flower Power Cake

Com inspiração nos anos 1970, uma ideia leve e colorida superversátil, que cai bem em qualquer comemoração.

PARA O BOLO

BOLO RECHEADO DE 25 CM DE LADO POR 10 CM DE ALTURA

Sugestão: duas receitas de bolo de limão-siciliano com buttercream de baunilha (sem as framboesas frescas) (Ver capítulo Receitas de Base)

INGREDIENTES E UTENSÍLIOS

1,2 KG DE PASTA AMERICANA

CORTADORES DE FLORES DE 5 PÉTALAS PEQUENO E MÉDIO

150 G DE GLACÊ REAL

CORANTES EM GEL PINK, AMARELO, LILÁS E AZUL-TURQUESA

1 PITADA DE CMC

COLA DE CMC

BICO DE CONFEITAR DE FLOR NÚMERO 191

BICO PERLÊ NÚMERO 2

TÁBUA QUADRADA DE 35 CM DE LADO

TÉCNICAS UTILIZADAS

PASTA AMERICANA (P. 7)

GLACÊ REAL (P. 10)

1. Cubra o bolo e a tábua com aproximadamente 800 g de pasta americana tingida com corante em gel pink.
2. Separe 150 g de pasta americana branca, acrescente uma pitadinha de CMC e divida-a em duas porções. Tinja-as de lilás e azul-turquesa claro.
3. Seguindo o passo a passo e utilizando cortadores de flores de 5 pétalas pequenos, corte flores de 5 pétalas de 2 tamanhos diferentes e cole-as no bolo com cola de CMC. Faça contorno e acabamentos de bolinhas com glacê real amarelo. Utilizando um bico de flor drops, faça miniflores amarelas.

Bolo Preto e Prata

Combinação sofisticada de cores e desenho moderno, este bolo combina com vários estilos de festas, enfeitando um aniversário ou evento corporativo.

PARA O BOLO

BOLO RECHEADO DE 10 CM DE DIÂMETRO POR 10 CM DE ALTURA

BOLO DECORADO DE 15 CM DE DIÂMETRO POR 10 CM DE ALTURA

BOLO DECORADO DE 25 CM DE DIÂMETRO POR 10 CM DE ALTURA

Sugestão: duas receitas do bolo Casadinho (Ver capítulo Receitas de Base)

INGREDIENTES E UTENSÍLIOS

1,6 KG DE PASTA AMERICANA

100 G DE MASSA ELÁSTICA CASEIRA OU MASSA PARA FLORES INDUSTRIALIZADA

3 FOLHAS DE PAPEL DE ARROZ

RÉGUA

ESTILETE

CORTADOR REDONDO

CORANTE EM GEL PRETO

CORANTE EM PÓ PRATEADO

COLA DE CMC

CMC

PINCÉIS

100 G DE GLACÊ REAL

ÁLCOOL DE CEREAIS

GEL DE CONFEITEIRO

TÉCNICAS UTILIZADAS

MASSA ELÁSTICA (P. 8)

PASTA AMERICANA (P. 7)

GLACÊ REAL (P. 10)

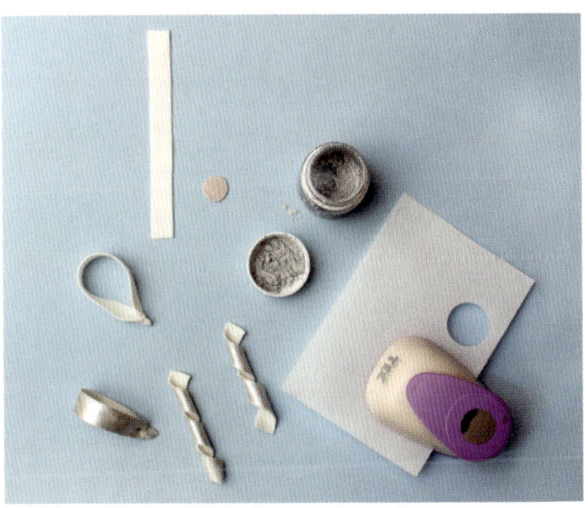

1. Confeccione o laço utilizando massa elástica branca. A quantidade vai depender bastante da espessura e da perda relativa ao reaproveitamento das rebarbas, mas em média 80 g são suficientes.
2. Abra a massa bem fina e recorte tiras de 1,5 cm de largura por 14 cm de comprimento. Para um laçarote são necessários de 9 a 11 laços, mas recomendo fazer alguns a mais para o caso de quebrar.
3. Seguindo o passo a passo, dobre cada tira ao meio, prendendo as pontas e deixe-as secando apoiadas lateralmente. Faça também algumas tiras mais longas e enrole-as no cabo de um pincel deixando-as secar enroladas, para simular as pontas do laçarote.
4. Cubra todos os bolos com pasta americana preta. Para os bolos e a tábua serão necessários aproximadamente 1,2 kg de pasta.
5. Para as fitas prateadas, utilize papel de arroz. Corte tiras de larguras variadas, passe gel de confeiteiro (ou gel de brilho) no lado liso e, em seguida, pincele com corante em pó prateado. Cole na base e na lateral dos bolos. Para fixar o papel de arroz, você pode usar glacê real ou mesmo chocolate temperado.
6. As bolinhas são feitas com papel de arroz, como no passo a passo, ou com sobras da pasta americana preta, estendidas em espessura bem fina. Recorte as bolinhas utilizando um cortador de bolinhas pequeno, no caso de utilizar papel de arroz, ou a base de um bico de confeitar, caso seja pasta americana. Assim que recortar, pincele-as com o pó prateado.
7. Misture pó prateado com álcool de cereais até obter uma consistência ligeiramente cremosa, de tinta. Pinte os laçarotes de prateado e deixe secar.
8. Cole-os no topo do bolo com glacê real.

PARA O BOLO

BOLO RECHEADO DE 10 CM DE DIÂMETRO POR 10 CM DE ALTURA

BOLO DECORADO DE 15 CM DE DIÂMETRO POR 10 CM DE ALTURA

BOLO DECORADO DE 20 CM DE DIÂMETRO POR 10 CM DE ALTURA

Sugestão: duas receitas de bolo de baunilha com ganache de chocolate ao leite (Ver capítulo Receitas de Base)

INGREDIENTES E UTENSÍLIOS

1,7 KG DE PASTA AMERICANA

CORANTES EM GEL MARROM, PRETO, VERDE, AZUL, CINZA E LARANJA

CORANTE EM PÓ ROSA

150 G DE MASSA PARA FLORES INDUSTRIALIZADA

150 G DE GLACÊ REAL

BICO DE CONFEITAR NÚMERO 18

CORTADOR DE FOLHA DE ROSA PEQUENO

CMC

COLA DE CMC

PALITO DE MADEIRA (ESPETO DE CHURRASCO)

TÁBUA DE MADEIRA DE 25 CM DE DIÂMETRO

TÉCNICAS UTILIZADAS

MASSA ELÁSTICA (P. 8)

PASTA AMERICANA (P. 7)

Bolo Safári

Interpretação do tema safári, escolhido por muitas crianças, aqui em uma versão bem moderna e decorado com os bichinhos mais fofos da savana africana. Combine-o com cake pops do mesmo tema.

1. Comece modelando os animais com massa elástica e fazendo as folhas. A zebra pode ser modelada sobre uma base de isopor ou diretamente no bolo já coberto.
2. Para a zebra, faça uma bolinha com 55 g de pasta americana branca. Molde-a no formato de uma gota grossa e deixe secar enquanto modela as patas. Fixe-a em pé sobre uma base de isopor, utilizando um palito de madeira (espeto de churrasco), deixando uma ponta de aproximadamente 1 cm para fixar a cabeça da zebra. Para cada pata, faça uma bolinha de 5 g de pasta americana, afine-a fazendo um rolinho e belisque a ponta. Cole no corpo com cola de CMC.
3. Abra uma bolinha de pasta americana tingida com corante preto bem fina e deixe secar um pouco. Assim, será mais fácil recortar tiras irregulares, que serão as listras da zebra. Cole-as na lateral do corpo também com cola de CMC.
4. Para a cabeça, faça uma bolinha de 25 g de pasta americana, dê um formato mais ovalado e marque o centro com o dedo, rolando-a na palma da mão.
5. Abra uma tira de pasta americana tingida com corante em gel marrom-claro e cole, formando o focinho. Em seguida, faça dois orifícios com a ponta pequena de um boleador.
6. Marque a boca utilizando a base de um bico de confeitar e cole duas bolinhas pretas bem pequenas para os olhos. As orelhas são duas gotinhas de pasta branca coladas lateralmente.
7. Para o elefante, modele o corpo da mesma forma que para a zebra, utilizando 55 g de pasta americana tingida com corante em gel cinza. Faça a cabeça com 35 g de pasta cinza. Belisque a bolinha no centro, puxando uma parte da pasta para formar a tromba. Deixe secar, faça os olhos com duas bolinhas pretas e marque a boca da mesma forma.
8. As orelhas são feitas com duas bolinhas de pasta de 5 g cada uma, abertas na palma da mão. Quando os animais estiverem prontos, pincele levemente a região das bochechas e da barriga com corante em pó rosa.
9. Para as folhas, utilize massa elástica verde e corte aproximadamente 80 unidades, variando os tamanhos.
10. Cubra o bolo de 20 cm de diâmetro com pasta tingida com corante marrom-claro, o de 15 cm com pasta americana tingida com corante verde-claro e o de 10 cm com pasta americana tingida com corante azul. Utilizando a técnica de bolos de andares, monte o bolo, colocando estacas internas. Posicione os bonecos, fixando-os ao bolo com um pouco de glacê real e mantendo o palito de madeira usado na modelagem.
11. Faça os galhos com bico pitanga pequeno, utilizando glacê real tingido com corante em gel marrom, e cole as folhas pelo bolo.

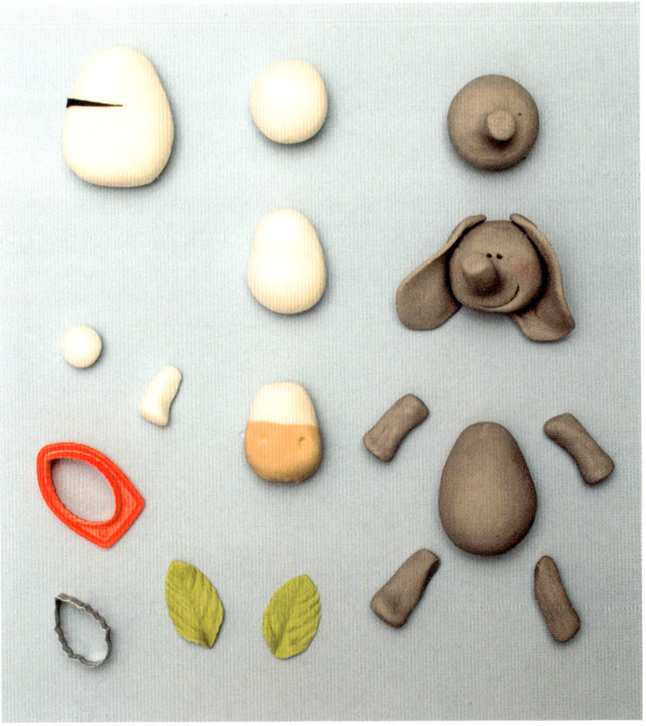

Bolo da Girafa

Ideia fofa para o bolinho do primeiro aniversário.

PARA O BOLO

BOLO DECORADO DE 15 CM DE DIÂMETRO

Sugestão: meia receita de bolo de chocolate com ganache de chocolate meio amargo (Ver capítulo Receitas de Base)

INGREDIENTES E UTENSÍLIOS

900 G DE PASTA AMERICANA

CORANTES EM GEL AMARELO, MARROM E ROSA

CORANTE EM PÓ ROSA

CMC

COLA DE CMC

PALITO DE MADEIRA (ESPETO DE CHURRASCO)

ESTECAS DE MODELAR

FÔRMA DE SILICONE PARA FLORES MIÚDAS

TÁBUA DE MADEIRA DE 20 CM DE DIÂMETRO

TÉCNICA UTILIZADA

PASTA AMERICANA (P. 7)

MASSA ELÁSTICA (P. 8)

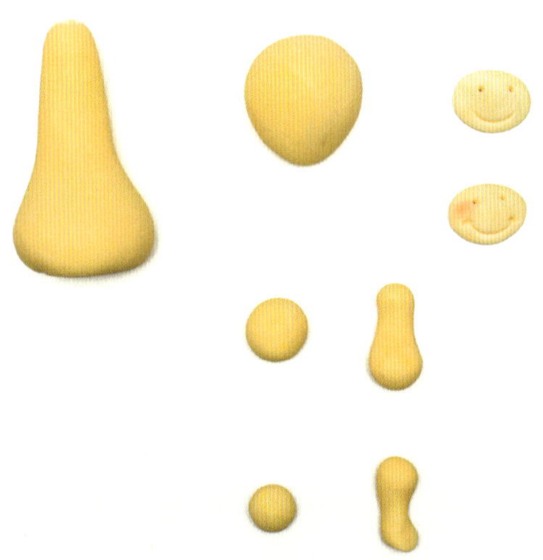

1. Modele a girafa.
2. O corpo e o pescoço devem ser modelados a partir de 100 g de pasta americana tingida com corante amarelo. Faça uma bolinha e afine uma das extremidades, alongando-a para formar o pescoço. Fixe-a em uma base de isopor utilizando um palito de madeira (espeto de churrasco) longo, deixando uma ponta de 0,5 cm na parte superior, que será usada para fixar a cabeça da girafa. Deixe secar totalmente, para que o peso da cabeça não deforme o pescoço.
3. A cabeça é modelada a partir de 45 g de pasta americana amarela. Dê um formato mais ovalado e, em seguida, faça o nariz com 5 g de pasta, colando uma bolinha ovalada na parte mediana inferior da cabeça. Faça as orelhas com 2 gotinhas de pasta e cole com cola de CMC.
4. As patas traseiras são feitas a partir de 9 g de pasta cada uma, e as dianteiras, de 5 g cada uma. Faça rolinhos alongados e belisque uma das extremidades. Cole-os na lateral do corpo.
5. Decore a lateral com miniflores e lacinhos. Utilize massa elástica tingida de amarelo e uma forminha de silicone para as flores. Faça os miolos e o acabamento na base do bolo com massa elástica cor-de-rosa.

Bolo Chevron Colorido

A estampa que não sai de moda na decoração de ambientes acabou fazendo sucesso também nas festas. Um zigue-zague colorido perfeito para uma festa bem animada.

PARA O BOLO

BOLO DECORADO COM 15 CM DE LADO POR 10 CM DE ALTURA

BOLO DECORADO COM 25 CM DE LADO POR 10 CM DE ALTURA

Sugestão: quatro receitas de bolo de chocolate com ganache de chocolate meio amargo (Ver capítulo Receitas de Base)

INGREDIENTES E UTENSÍLIOS

2 KG DE PASTA AMERICANA

CORANTES EM GEL VERMELHO, LARANJA, ROSA E SALMÃO

COLA DE CMC

100 G DE MASSA ELÁSTICA

CORTADOR EM ZIGUE-ZAGUE PARA EFEITO CHEVRON

TÁBUA DE MADEIRA DE 35 CM DE LADO

TÉCNICAS UTILIZADAS

PASTA AMERICANA (P. 7)

TÉCNICA DE COLOCAR ESTACAS (P. 12)

MASSA ELÁSTICA (P. 8)

1. Cubra os bolos com cerca de 1,5 kg de pasta americana branca.
2. Faça o suporte no bolo maior utilizando a técnica de colocar estacas e cole o bolo menor sobre ele.
3. Tinja uma porção de pasta americana de 500 g em 4 cores diferentes. Para facilitar o trabalho, utilize uma mistura de pasta americana e massa elástica.
4. O efeito chevron é obtido utilizando cortadores específicos, com larguras diferentes, e colando cada peça na sequência da anterior, como no passo a passo.
5. Utilize cola de CMC para fixá-los nas laterais dos bolos.

Bolo Moldura de Glacê

Usando uma técnica muito antiga e tradicional, este é um bolo elaborado e elegante, que combina com muitas comemorações de aniversário.

PARA O BOLO

BOLO HEXAGONAL DE 17 CM DE LADO

Sugestão: uma receita de bolo de chocolate e pistache (Ver capítulo Receitas de Base)

INGREDIENTES E UTENSÍLIOS

800 G DE PASTA AMERICANA

600 G DE GLACÊ REAL

PLÁSTICO

PAPEL-MANTEIGA

PINCEL

BICOS PERLÊ NÚMERO 00, 01 E 3

TÁBUA DE MADEIRA DE 25 CM DE DIÂMETRO

TÉCNICAS UTILIZADAS

GLACÊ REAL (P. 10)

PASTA AMERICANA (P. 7)

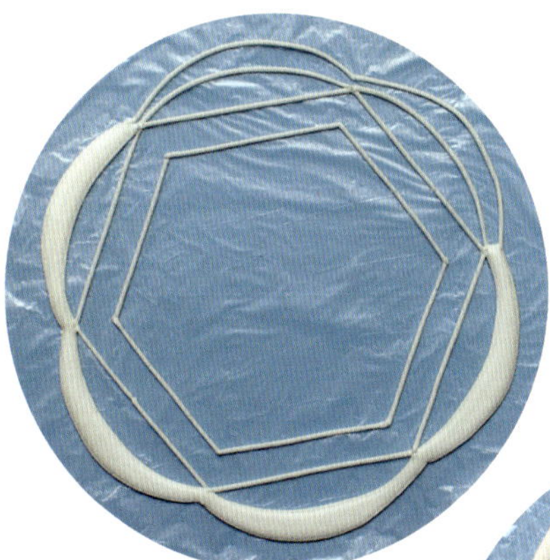

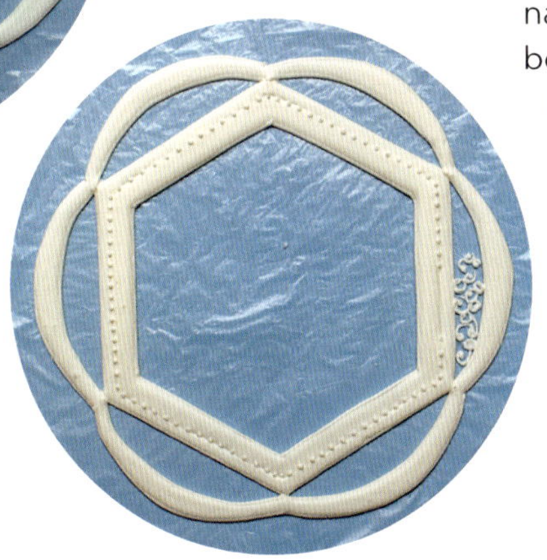

1. Prepare a placa de glacê real do topo do bolo com antecedência, pois o tempo de secagem varia entre 24 e 48 horas, dependendo da umidade do ambiente.
2. Para confeccionar a moldura de glacê, você irá precisar primeiro de um molde. Para desenhá-lo, utilize uma fôrma de bolo no formato de pétala, com 21 cm de diâmetro, e risque seu contorno em uma folha de papel. Em seguida, use a fôrma hexagonal de 17 cm (onde irá assar o bolo) para desenhar o centro da placa. Complete o desenho fazendo secções concêntricas repetindo os dois desenhos. É importante criar áreas que serão preenchidas por glacê real fluido.
3. Coloque o molde em uma superfície plana e cubra-o com um plástico liso e flexível (pode ser um saco de congelar alimentos aberto). Prenda os 4 cantos com um pedaço de fita adesiva.
4. Comece fazendo o contorno do desenho com bico perlê número 1 e glacê real na consistência tradicional. Deixe secar.
5. Seguindo o passo a passo, preencha os espaços com glacê fluido.
6. Para seu preparo, dilua o glacê real na consistência tradicional com um pouco de água filtrada. O glacê terá então uma consistência semelhante à do mel e, quando mexido, todas as marcas desaparecerão em 10 segundos. Para facilitar o preenchimento do molde, coloque-o em um saco de confeitar e utilize um bico mais largo, como o perlê número 3.
7. Com o glacê em consistência normal e bico perlê 00 faça os arabescos das bordas da placa e deixe tudo secar.
8. Cubra o bolo com pasta americana. No topo, desenhe a flor utilizando o molde (ou à mão livre). Faça o contorno com bico 01 e glacê real. Utilizando a técnica de *brush embroidery* (ver na p. 143), umedeça um pincel e faça movimentos rápidos da borda do desenho ao centro, dando o efeito de bordado. Retire a placa do plástico cuidadosamente e cole-a no topo do bolo com pontinhos de glacê real.

Bolo Urso

Opção versátil, de fácil execução e muito interessante para quem está começando na decoração de bolos.

PARA O BOLO

UM BOLO DE 15 CM DE DIÂMETRO

UM BOLO DE 30 CM DE DIÂMETRO

Sugestão: duas receitas de bolo bicho de pé (Ver capítulo Receitas de Base)

INGREDIENTES E UTENSÍLIOS

450 G DE PASTA AMERICANA

3 RECEITAS DE BUTTERCREAM DE CHOCOLATE

CORANTES EM GEL MARROM, AZUL E PRETO

CORANTE EM PÓ ROSA

CMC

COLA DE CMC

200 G DE MASSA ELÁSTICA

PALITO DE MADEIRA (ESPETO DE CHURRASCO)

PAPEL-MANTEIGA

BICO DE CONFEITAR NÚMERO C18

TÁBUA DE MADEIRA DE 45 CM DE DIÂMETRO

TÉCNICAS UTILIZADAS

PASTA AMERICANA (P. 7)

MASSA ELÁSTICA (P. 8)

1. O corpo do urso pode ser cortado diretamente no bolo maior. Para facilitar seu trabalho, desenhe um molde fazendo o contorno do corpo, tal como aparece no passo a passo, em uma folha de papel-manteiga.
2. Utilizando o molde, recorte os bolos e encaixe-os, criando a silhueta do urso. Cubra tudo com buttercream (ver receita na p. 34) de chocolate utilizando bico de confeitar número C18.
3. Faça o focinho do urso com pasta americana e cole-o na cabeça. Marque a boca utilizando a base de um bico de confeitar número C18.
4. Modele as orelhas com massa elástica marrom e cole-as no topo da cabeça, apoiando-as com um palito.
5. Modele o focinho com pasta americana preta, o laço com pasta americana azul e o acabamento das patas com pasta americana rosa.

Bolo Presente

Simples, de fácil execução e ideal para uma surpresa de aniversário.

PARA O BOLO

BOLO DECORADO DE 15 CM DE LADO POR 10 CM DE ALTURA

Sugestão: uma receita de bolo de chocolate com ganache de chocolate meio amargo (Ver capítulo Receitas de Base)

INGREDIENTES E UTENSÍLIOS

800 G DE PASTA AMERICANA

CORANTES EM GEL VERMELHO E ROSA

80 G DE MASSA ELÁSTICA

50 G DE GLACÊ REAL

PINCÉIS

COLA DE CMC

TÁBUA DE MADEIRA DE 25 CM DE LADO

TÉCNICAS UTILIZADAS

MASSA ELÁSTICA (P. 8)

PASTA AMERICANA (P. 7)

GLACÊ REAL (P. 10)

1. Prepare o laço com antecedência ou na véspera: abra 80 g de massa elástica em uma tira longa e fina. Corte duas tiras de 4 cm de largura por 15 cm de comprimento e uma as pontas, beliscando suavemente. Deixe que sequem apoiadas na lateral, como na foto do passo a passo.
2. Cubra o bolo com pasta americana pink. Serão necessários aproximadamente 800 g de pasta americana para o bolo e a tábua.
3. Com a massa elástica restante, recorte duas tiras de 4 cm de largura e cole-as no bolo, cruzando-as no topo.
4. Cole o laço já seco com um pouco de glacê real e dê o acabamento colando um pequeno pedaço de massa elástica pink na união dos dois laços.

Bolo Rendado Branco

A delicadeza da renda de glacê torna a festa de casamento inesquecível.

PARA O BOLO

BOLO DECORADO DE 10 CM DE DIÂMETRO POR 10 CM DE ALTURA

BOLO DECORADO DE 15 CM DE DIÂMETRO POR 15 CM DE ALTURA

BOLO DECORADO DE 20 CM DE DIÂMETRO POR 12 CM DE ALTURA

Sugestão: três receitas de bolo de pistache, laranja e cardamomo. (Ver capítulo Receitas de Base)

INGREDIENTES E UTENSÍLIOS

100 G DE MASSA ELÁSTICA CASEIRA OU MASSA PARA FLORES INDUSTRIALIZADA

500 G DE AÇÚCAR IMPALPÁVEL

MOLDE DE TEXTURA DE RENDA OU QUADRICULADO SIMPLES

1,6 KG DE PASTA AMERICANA

CORTADORES DE FLOR DE 5 PÉTALAS MÉDIO E MÍNI

CORTADOR DE FOLHA GRANDE

CORTADOR DE FLOR DE CHITA GRANDE

BICO DE CONFEITAR NÚMERO 00

200 G DE GLACÊ REAL

TÉCNICAS UTILIZADAS

MASSA ELÁSTICA (P. 8)

PASTA AMERICANA (P. 7)

GLACÊ REAL (P. 10)

1. Comece confeccionando 6 flores de 5 pétalas com antecedência para que sequem. Abra a massa elástica branca em uma espessura bem fina e recorte as flores. Recorte o centro de 3 das flores utilizando um cortador bem pequeno, como no passo a passo.
2. Faça pequenos montes de açúcar impalpável e coloque as flores para que sequem curvadas. Cubra os bolos com pasta americana branca. Separe 50 g de massa elástica e texturize-a com a ajuda de um molde de renda.
3. Utilizando um cortador de flores grande e a pasta com textura, corte duas flores e cole-as no bolo intermediário e na base do bolo. Faça também uma folha para o bolo da base. Contorne o desenho com glacê real.
4. Utilizando bico perlê 00 e glacê real, desenhe a renda no topo e na base fazendo pequenos círculos e quadriculados.

Bolo Buquê de Hortênsias

Flores de açúcar sempre fazem sucesso. Um pequeno buquê enfeita o bolo criado para um *miniwedding*, mas também poderia ser um delicioso presente.

PARA O BOLO

BOLO DECORADO DE 10 CM DE DIÂMETRO POR 10 CM DE ALTURA

BOLO DECORADO DE 15 CM DE DIÂMETRO POR 10 CM DE ALTURA

Sugestão: uma receita de bolo de chocolate com recheio de chocolate ao leite (Ver capítulo Receitas de Base)

INGREDIENTES E UTENSÍLIOS

900 G DE PASTA AMERICANA

150 G DE MASSA PARA FLORES INDUSTRIALIZADA

CORANTES EM GEL VERDE E LILÁS

CORANTES EM PÓ VERDE, LILÁS E ROSA

ESPUMA PARA BOLEAR

ESTECA DRESDEN

BOLEADOR

ARAME FLORAL NÚMERO 26

CORTADOR DE FOLHA

CORTADOR DE FLOR DE HORTÊNSIA

PLACA DE ARAMAR FOLHAS

PLACA (PAD) PARA FLORES COM ORIFÍCIOS

CMC

COLA DE CMC

100 G DE GLACÊ REAL

BICO PERLÊ NÚMERO 2

TÁBUA DE MADEIRA COM 20 CM DE DIÂMETRO

TÉCNICAS UTILIZADAS

MASSA ELÁSTICA (P. 8)

PASTA AMERICANA (P. 7)

GLACÊ REAL (P. 10)

1. Comece pelas hortênsias. Para confeccioná-las, utilize massa elástica tingida de um tom suave de lilás.
2. Seguindo o passo a passo, abra a massa em espessura bem fina, em cima de um *pad* (superfície antiaderente própria para confeccionar flores de açúcar, que conta com 3 orifícios de tamanhos diferentes) no menor orifício. Transfira a flor para uma espuma de bolear e, com uma esteca Dresden, afine as bordas sem curvá-las. Segure a flor de hortênsia na mão e belisque-a delicadamente, unindo as pétalas pela base.
3. Insira um arame floral número 26, com a ponta umedecida em cola de CMC, e deixe secar.
4. Produza entre 40 e 50 flores para montar o arranjo (elas quebram com facilidade e, na hora de montar o buquê, diminuem de volume).
5. Com um cortador de folhas médio, confeccione as folhas. Para tal, utilize massa elástica verde: abra-a em um *pad* de folhas (superfície antiaderente com ranhuras próprias para confecção de folhas). Corte de 5 a 6 folhas.
6. Cubra os bolos com pasta americana branca. Com glacê real e bico perlê número 2, faça o acabamento da guirlanda de glacê no topo dos bolos, bem como o acabamento da base.
7. Monte os buquês de hortênsia unindo 3 ou 4 flores com fita floral. Una os pequenos buquês em dois grandes buquês e insira-os no bolo, na lateral, tal como na foto. Para facilitar e também proteger o bolo do contato com as pontas de arame, insira os buquês em canudos de plástico ou suportes específicos para essa finalidade e, em seguida, coloque-os no bolo.

Bolo Guirlanda Rosa

Bolo decorado com técnicas tradicionais de glacê real, de visual clássico e sofisticado para as mais diversas festas.

PARA O BOLO

BOLO DECORADO DE 10 CM DE DIÂMETRO POR 10 CM DE ALTURA

BOLO DECORADO DE 15 CM DE DIÂMETRO POR 10 CM DE ALTURA

BOLO DECORADO DE 25 CM DE DIÂMETRO POR 10 CM DE ALTURA

Sugestão: duas receitas de Carrot Cake (Ver capítulo Receitas de Base)

INGREDIENTES E UTENSÍLIOS

1,8 KG DE PASTA AMERICANA

GLACÊ REAL

CORANTE EM GEL ROSA

BASE DE ISOPOR DE 2 CM DE ALTURA E 20 CM DE DIÂMETRO

PAPEL-MANTEIGA

BICO PERLÊ NÚMERO 1

BICO PITANGA NÚMERO 18

CORTADOR DE FOLHA PEQUENO

CORTADOR DE FLOR MÍNI

TÁBUA DE MADEIRA DE 30 CM DE DIÂMETRO

TÉCNICAS UTILIZADAS

PASTA AMERICANA (P. 7)

TÉCNICA DE ESTACAS (P. 12)

GLACÊ REAL (P. 10)

1. Cubra os bolos e a base de isopor com pasta americana tingida com corante rosa.
2. Monte os bolos utilizando a técnica de estacas para bolos de andares.
3. Faça as guirlandas na lateral com glacê real e bico perlê número 1. Uma alternativa para criá-las à mão é fazer uma marcação prévia no bolo antes de começar a trabalhar. Para tal, corte uma tira de papel-manteiga longa o suficiente para envolver o bolo, dobre-a ao meio sucessivamente até obter uma face de 4 cm de largura. Faça o desenho de um segmento da guirlanda, recorte-a e, em seguida, abra a tira e envolva o bolo, prendendo-a com um alfinete.
4. Marque o desenho usando um alfinete, um cell pin (ferramenta de decoração de bolos) ou alguma outra ferramenta com ponta.
5. Feito isso, basta confeitar com glacê real. Encoste o bico de confeitar no bolo no local em que pretende começar a decoração, pressione a manga e afaste o bico do bolo, deixando o arco se formar no ar – é importante sempre fazer os arcos e linhas sem encostar no bolo.
6. Para completar a decoração, desenhe a renda à mão livre.
7. Confeccione as folhas e miniflores. A quantidade vai variar de acordo com o tamanho do seu cortador, mas pode considerar cerca de 45 folhas e 20 flores.
8. Faça os acabamentos nas bordas dos bolos usando glacê real e bicos perlê número 1 e pitanga número 18.

PARA O BOLO

BOLO DECORADO DE 15 CM DE LADO POR 10 CM DE ALTURA

BOLO DECORADO DE 20 CM DE LADO POR 10 CM DE ALTURA

BOLO DECORADO DE 25 CM DE LADO POR 10 CM DE ALTURA

Sugestão: três receitas de bolo naked cake de limão-siciliano (Ver capítulo Receitas de Base)

INGREDIENTES E UTENSÍLIOS

3,5 KG DE PASTA AMERICANA

200 G DE MASSA PARA FLORES INDUSTRIALIZADA

100 G DE MASSA ELÁSTICA CASEIRA OU MASSA PARA FLORES INDUSTRIALIZADA

RÉGUA

ESTILETE OU BISTURI

CORTADOR DE PÉTALAS DE PEÔNIA

CORTADOR DE SÉPALAS DE 2 TAMANHOS

ARAMES FLORAIS DE NÚMERO 26 E 28

CORANTES EM GEL VERMELHO E VERDE

CORANTES EM PÓ VERMELHO, VERDE-ABACATE E AMARELO

FITA FLORAL VERDE

2 PACOTES DE PISTILOS FLORAIS

SUPORTE PARA FLORES DE AÇÚCAR OU CANUDO LARGO DE PLÁSTICO

COLA DE CMC

CMC

TÉCNICAS UTILIZADAS

MASSA ELÁSTICA (P. 8)

PASTA AMERICANA (P. 7)

TÉCNICA DE ESTACAS (P. 12)

Bolo Drapeado com Peônia

Bolo de casamento contemporâneo, de desenho quadrado e revestido por um drapeado de pasta americana.

1. Confeccione as peônias com antecedência. Comece pelo centro da flor. Amasse uma bolinha de massa para flores ou massa elástica até formar uma bolinha do tamanho de uma ervilha. Afine-a em um dos lados, criando o formato de uma gota. Insira um arame floral numero 26, umedecido em cola de CMC e deixe secar. Faça 5 a 7 unidades para cada flor.
2. Quando estiverem secos, pincele-os com corante em pó amarelo na base mais larga e corante em pó verde-abacate nas pontas.
3. Junte todos eles com fita floral verde e, em seguida, envolva toda a volta com pistilos bem finos, como no passo a passo. Tinja a ponta dos pistilos com corante em pó amarelo.
4. Prepare as pétalas: utilize cortadores de peônia, que geralmente são vendidos em kits com dois ou três tamanhos diferentes. Serão necessárias em média 9 pétalas menores e 5 ou 7 maiores.
5. Recorte cada pétala em massa para flores vermelha aberta em espessura bem fina, utilizando uma placa de aramar pétalas. Em cada pétala, insira um arame número 28, umedecido em cola de CMC. Com a ajuda de um boleador pequeno, afine as bordas das pétalas, fazendo movimentos curvos da borda para o centro. Marque as pétalas em um molde marcador de pétala de peônia e coloque-as para secar em uma forma de ovo de páscoa de 50 g.
6. Pincele as pétalas secas com corante em pó vermelho, para que a cor ganhe profundidade.
7. Quando as pétalas estiverem secas, monte-as unindo-as ao centro da flor com a ajuda de fita floral verde. Para o acabamento da flor, confeccione as sépalas. Para tanto, utilize massa para flores verde e cortadores de sépalas de rosa de dois tamanhos. Deixe o menor com as folhas mais largas e afine e alongue as folhas do maior. Sobreponha-os como na foto do passo a passo e, em seguida, insira a flor já montada no centro. Faça o acabamento da base com fita floral verde.
8. Cubra todos os bolos com uma camada bem fina de pasta americana. Para facilitar, monte os andares usando a técnica de estacas descrita na introdução do livro.
9. Misture 100 g de massa elástica a 700 g de pasta americana e amasse bem. Acrescente uma pitada de CMC e amasse. Em uma superfície polvilhada com açúcar impalpável abra esta massa em espessura fina e recorte tiras de 3,5 cm de largura e 10,5 cm de altura. Cole-as, usando cola de CMC, em sentido vertical em volta do bolo, sobrepondo levemente as tiras.
10. Aplique as flores no bolo da base. Recomendo sempre utilizar um suporte de flores de açúcar, peça vendida em lojas de artigos de confeitaria, que proteje o bolo do contato com a parte aramada da flor. Se não encontrar, uma alternativa é utilizar um canudo de plástico mais largo, do tipo dos usados para milk-shake.

Bolo Napolitano

A inspiração para este bolo veio da decoração de uma antiga sorveteria italiana, com suas cores suaves que fazem alusão aos melhores gelatos. Ideia alegre para aniversários e chás de bebê.

PARA O BOLO

BOLO DECORADO DE 10 CM DE DIÂMETRO POR 10 CM DE ALTURA

BOLO DECORADO DE 15 CM DE DIÂMETRO POR 10 CM DE ALTURA

BOLO DECORADO DE 20 CM DE DIÂMETRO POR 10 CM DE ALTURA

BOLO DECORADO DE 30 CM DE LADO POR 10 CM DE ALTURA

Sugestão: cinco receitas de bolo naked cake Casadinho (Ver capítulo Receitas de Base)

INGREDIENTES E UTENSÍLIOS

2,5 KG DE PASTA AMERICANA

CORANTES EM GEL MARROM, VERDE-LIMÃO, AMARELO E ROSA

RÉGUA

ESTILETE OU BISTURI

BICO DE CONFEITAR TAMANHO TRADICIONAL

GLACÊ REAL

PAPEL-TOALHA

TÁBUA DE MADEIRA DE 35 CM DE LADO

TÉCNICAS UTILIZADAS

PASTA AMERICANA (P. 7)

GLACÊ REAL (P. 10)

1. Cubra cada bolo com pasta americana tingida em tom suave.
2. Tinja 800 g de pasta com corante marrom-claro, 700 g de verde-claro, 500 g de amarelo e 300 g de rosa-claro.
3. Abra o restante da pasta em espessura bem fina a faça as demais decorações: bolinhas e linhas retas sem padrão de largura.
4. Cole as decorações no bolo do topo e no intermediário.
5. Abra uma tira de pasta americana tingida de rosa com 4 cm de largura e faça o acabamento do bolo intermediário.
6. Com a mesma pasta, confeccione o laço: faça duas tiras de 4 cm de largura por 14 cm de comprimento. Dobre-as ao meio, colando a ponta e franzindo, para efeito de tecido. Deixe secar por meia hora apoiada em um rolinho de papel toalha, para que mantenha o volume e, em seguida, cole cada metade no bolo, com glacê real. Faça o acabamento do laço com uma bolinha de pasta no mesmo tom, colada com cola de CMC, unindo as duas metades do laço.

PARA O BOLO

BOLO NAKED CAKE DE 10 CM DE DIÂMETRO POR 10 CM DE ALTURA

BOLO NAKED CAKE DE 15 CM DE DIÂMETRO POR 10 CM DE ALTURA

BOLO NAKED CAKE DE 20 CM DE DIÂMETRO POR 10 CM DE ALTURA

Sugestão: duas receitas de naked cake de limão--siciliano (Ver capítulo Receitas de Base)

INGREDIENTES E UTENSÍLIOS

1 RECEITA DE BUTTERCREAM DE BAUNILHA

200 G DE MASSA ELÁSTICA CASEIRA OU MASSA PARA FLORES INDUSTRIALIZADA

CORANTE EM GEL SALMÃO

CORANTES EM PÓ ROSA E BORGONHA

ARAME FLORAL NÚMERO 18 E 28

KIT DE CORTADORES DE PÉTALAS DE ORQUÍDEA

MARCADORES PARA ORQUÍDEA

PLACA PARA ARAMAR PÉTALAS

ALICATE

FITA FLORAL

COLA DE CMC

TÁBUA DE MADEIRA DE 35 CM DE DIÂMETRO

TÉCNICA UTILIZADA

MASSA ELÁSTICA (P. 8)

Bolo Orquídeas

De visual rústico e com cobertura espatulada de buttercream, tendência forte na decoração de bolos.

1. Cubra os bolos com uma receita de buttercream (ver receita na p. 34).
2. Prepare as orquídeas seguindo o passo a passo.
3. Com antecedência de pelo menos dois dias, confeccione as orquídeas. Recomendo utilizar massa elástica caseira ou massa para flores comprada pronta. Também é importante tingir a massa em um tom salmão claro, para que essa seja a cor de fundo das orquídeas.
4. Comece pela coluna: modele uma gota alongada de massa elástica caseira ou massa para flores comprada pronta. Insira-a em um arame número 18, com a ponta umedecida em cola de CMC ou clara de ovo. Achate-a e dê o formato utilizando um molde de silicone de coluna de orquídeas (encontrado em lojas de artigos de confeitaria profissional). Deixe secar.
5. Confeccione duas pétalas e três sépalas, utilizando cortadores para orquídeas *Cymbindium* (encontrados em lojas de artigos de confeitaria profissional). Para tanto, abra a massa elástica ou massa para flores em espessura bem fina em uma placa de aramar pétalas. Recorte-as utilizando o cortador apropriado e afine suavemente as bordas com a ajuda de um boleador. Corte cada haste de arame floral número 28 em 5 pedaços, e molhe a ponta de cada pedaço na cola de CMC. Insira o arame no veio central deixado em cada pétala. Em seguida, marque a textura das mesmas, utilizando um molde marcador de silicone para orquídeas. Pendure os arames em um suporte para flores e deixe que as pétalas e sépalas sequem. Quando estiverem completamente secas, pinte o centro de cada uma com corante Borgonha em pó.
6. Com a coluna seca, modele o labelo. Abra a massa em espessura bem fina, sem necessidade de aramar. Afine as bordas deixando-as ligeiramente embabadadas, e passe cola de CMC ou clara de ovo nas bordas lisas da peça. Cole-a abraçando a coluna (já seca), apoiando as bordas laterais na parte superior da coluna. Deixe secar novamente. Quando a peça estiver seca, faça a pintura da borda com corante borgonha em pó diluído em álcool de cereais.
7. Com todas as pecas secas, monte a flor: junte todas as peças colocando-as uma na frente da outra, fixe-as com fita floral e em seguida separe as duas pétalas deixando uma ao lado da outra. Coloque uma sépala entre elas na porção superior e as outras duas na porção inferior da flor, com a coluna e o labelo centralizados.
8. Para um pouco mais de realismo, confeccione alguns botões: para tanto, modele bolinhas ovaladas com a pasta para flores, espete-as em um arame número 18 e deixe secar. No momento da montagem, envolva o arame com fita floral verde.
9. Cubra todos os três bolos com buttercream e monte seguindo a técnica de bolos de andares. Deixe o bolo descansar na geladeira por 5 horas. No momento de servir, insira as orquídeas.

   Uma dica: para que o arame floral não fique em contato direto com a massa do bolo, você pode inserir as flores em canudos de plástico e em seguida inseri-los no bolo. Também é possível usar um suporte feito especialmente para montagem de arranjos florais em bolos, vendido em lojas de produtos profissionais de confeitaria.

Bolo Rosas de Papel

É muito simples alcançar esse visual moderno com as surpreendentes rosas de papel de arroz, perfeitas para quem está começando na decoração de bolos.

PARA O BOLO

BOLO DECORADO DE 10 CM DE DIÂMETRO POR 10 CM DE ALTURA

BOLO DECORADO DE 15 CM DE DIÂMETRO POR 10 CM DE ALTURA

BOLO DECORADO DE 20 CM DE DIÂMETRO POR 10 CM DE ALTURA

Sugestão: duas receitas de bolo de damasco (Ver capítulo Receitas de Base)

INGREDIENTES E UTENSÍLIOS

1,5 KG DE PASTA AMERICANA

PAPEL DE ARROZ

TESOURA

250 G DE AÇÚCAR IMPALPÁVEL

GEL DE CONFEITEIRO

CORANTE EM PÓ DOURADO

PINCÉIS

150 G DE COBERTURA DE CHOCOLATE BRANCO

TÁBUA DE MADEIRA DE 25 CM DE DIÂMETRO

ÁLCOOL DE CEREAIS OU VODCA

TÉCNICA UTILIZADA

PASTA AMERICANA (P. 7)

1. Confeccione as rosas utilizando papel de arroz, técnica muito conhecida no artesanato.
2. Corte um quadrado de papel de arroz de aproximadamente 20 cm de lado.
3. Com uma tesoura, faça uma espiral, de fora para dentro, em direção ao centro do quadrado.
4. Pincele toda a extensão da espiral com gel de confeiteiro, que servirá como cola para a rosa. Pegue a ponta externa da espiral e comece a enrolar em direção ao centro, sem apertar demais, formando uma rosa. Quando terminar, apoie a rosa formada em um montinho de açúcar impalpável, para que ela seque um pouco.
5. Cubra os bolos com pasta americana e pinte o andar intermediário de dourado. Para tal, misture pó dourado e vodca ou álcool de cereais, suficiente para formar uma consistência de tinta mais grossa. Utilize um pincel macio e largo e faça movimentos precisos. Evite pincelar a mesma área muitas vezes, pois o efeito será manchado.
6. Cole as rosas no bolo coberto de pasta, utilizando como cola a cobertura de chocolate branco.

Bolo Marmorizado

Escolha as cores cuidadosamente, misture as pastas e espere os mais lindos desenhos se formarem. Técnica de simples execução, ótima para quem ainda não tem muita experiência, resulta em um bolo muito contemporâneo e versátil.

PARA O BOLO

BOLO DECORADO COM 20 CM DE LADO E 10 CM DE ALTURA

BOLO DECORADO COM 25 CM DE LADO E 10 CM DE ALTURA

Sugestão: quatro receitas de bolo de pistache, laranja e cardamomo (Ver capítulo Receitas de Base)

INGREDIENTES E UTENSÍLIOS

1,5 KG DE PASTA AMERICANA

CORANTES EM GEL PRETO, LILÁS E AZUL-MARINHO

TÁBUA DE MADEIRA QUADRADA DE 35 CM DE LADO

100 G DE GLACÊ REAL

FITA DE CETIM PRETA COM 2 CM DE LARGURA

TÉCNICAS UTILIZADAS

PASTA AMERICANA (P. 7)

GLACÊ REAL (P. 10)

1. Separe aproximadamente 1,3 kg de pasta americana branca. Divida-a em 4 porções com pesos bem diferentes, pois cada uma será de uma cor. Tinja a menor porção de preto e as outras de lilás e azul-marinho, deixando uma porção branca.
2. Modele cada porção de pasta em um rolo comprido.
3. Junte todos os rolinhos, torça-os e dobre-os ao meio duas vezes. Não amasse a pasta novamente, apenas abra-a com o rolo, mantendo o efeito marmorizado.
4. Cubra os bolos com a pasta.
5. Finalize com fita de cetim preta (fixada com glacê real) na base de cada bolo.

Bolo Máscara

O carnaval de Veneza inspira o bolo que traz um lindo trabalho de babados com efeito *dégradé*.

PARA O BOLO

BOLO DECORADO DE 10 CM DE DIÂMETRO POR 10 CM DE ALTURA

BOLO DECORADO DE 15 CM DE DIÂMETRO POR 10 CM DE ALTURA

BOLO DECORADO DE 20 CM DE DIÂMETRO POR 10 CM DE ALTURA

BOLO DECORADO DE 30 CM DE DIÂMETRO POR 10 CM DE ALTURA

Sugestão: cinco receitas do bolo de baunilha com ganache de chocolate ao leite (Ver capítulo Receitas de Base)

INGREDIENTES E UTENSÍLIOS

3,6 KG DE PASTA AMERICANA

300 G DE MASSA DE PASTILHAGEM

COLA DE CMC

CORANTE EM PÓ DOURADO

PALITO DE MADEIRA (ESPETO DE CHURRASCO)

CORANTES EM GEL LILÁS, ROXO E AZUL-ÍNDIGO

PAPEL-CARTÃO OU CARTOLINA

RÉGUA

ESPUMA DE BOLEAR

BOLEADOR

PINCÉIS

BICOS PERLÊ LISO NÚMERO 01 E C10

TÁBUA DE MADEIRA DE 35 CM DE DIÂMETRO

TÉCNICAS UTILIZADAS

MASSA DE PASTILHAGEM (P. 9)

PASTA AMERICANA (P. 7)

1. Para confeccionar a máscara, faça um molde. Desenhe o contorno de uma máscara de carnaval em um papel firme, como cartão ou cartolina. Abra a massa de pastilhagem em uma espessura de 0,4 mm e recorte as máscaras seguindo o molde. Pinte-as ainda úmidas com corante em pó dourado. Espete um palito de churrasco em uma das extremidades; ele servirá para fixar cada máscara, quando estiverem secas, no bolo.
2. Deixe secar em uma superfície polvilhada com açúcar impalpável por aproximadamente 24 horas.
3. Cubra os bolos com pasta americana tingida de corante azul índigo, em um tom bem suave.
4. Faça o babado do bolo da base. Para tal, separe 6 porções da pasta americana usada para cobrir o bolo. Acrescente 2 pitadas de CMC e sove para que se distribua por completo. Adicione mais corante roxo, lilás e azul-índigo em 5 delas, fazendo um *dégradé* de tons.
5. Abra as porções de massa em tiras de 3 cm de largura e posicione-as sobre uma espuma de bolear. Com a ajuda de uma ferramenta de bolear, ondule uma das bordas e cole na lateral do bolo de baixo, criando o efeito *dégradé* e sobrepondo ligeiramente cada camada. Para cada tonalidade, dê duas a três voltas no bolo.
6. Finalize com bolinhas douradas: abra pasta americana lilás em espessura bem fina e utilize bicos de confeitar no formato perlê, de diversos tamanhos, para fazer diâmetros diferentes. Pinte-as com corante em pó dourado e cole-as no bolo.

Bolo dos Patinhos

Tema de muitas festinhas infantis, os simpáticos patinhos de brinquedo fazem a festa em um lago de glacê fluido.

PARA O BOLO

BOLO DECORADO DE 20 CM DE DIÂMETRO POR 10 CM DE ALTURA

Sugestão: uma receita de bolo de chocolate com brigadeiro de pistache (Ver capítulo Receitas de Base)

INGREDIENTES E UTENSÍLIOS

900 G DE PASTA AMERICANA

CORANTES EM GEL AMARELO, LARANJA, PRETO E AZUL

150 G DE GLACÊ REAL

COLA DE CMC

TESOURA DE BORDADO DE PONTA FINA

ESTECAS DE MODELAR

TÉCNICAS UTILIZADAS

PASTA AMERICANA (P. 7)

GLACÊ REAL (P. 10)

1. Comece confeccionando os patos de acordo com o passo a passo.
2. Para o corpo, modele uma bolinha de pasta americana de 60 g no formato de uma gota. Apoie-a em uma base de isopor pela parte mais redonda e puxe a parte mais fina para cima, formando o corpo do pato. Insira um palito de madeira (espeto de churrasco) que será usado para fixar a cabeça do pato ao corpo. Corte o excesso com a ajuda de um alicate e deixe secar por 24 horas.
3. Modele a cabeça a partir de uma bolinha de pasta de 40 g. Cole-a com cola de CMC.
4. Para o bico, modele uma bolinha de pasta americana laranja de 5 g. Achate-a formando um disco e dobre ao meio, dando o formato de bico. Cole na metade inferior da cabeça do pato.
5. Faça os olhos com bolinhas de pasta americana branca e preta.
6. Modele duas gotas de pasta americana amarela de aproximadamente 7 g e achate-as, colando na lateral do corpo para fazer as asas do pato.
7. Para o pato pequeno, a modelagem é a mesma: para o corpo, modele uma bolinha de pasta de 15 g. Para a cabeça, uma bolinha de 10 g.
8. Prepare 150 g de glacê real e tinja-o de azul. Acrescente água filtrada até obter uma consistência semelhante à do mel, um glacê fluido. Espalhe-o no topo do bolo, deixando escorrer pelas laterais. Espere secar 15 minutos e posicione os patos no topo. Deixe secar totalmente.

Bolo Borgonha

Pequenas flores na cor borgonha, em efeito *dégradé*, enfeitam este bolo, criado para um casamento no campo.

PARA O BOLO

BOLO DECORADO DE 10 CM DE DIÂMETRO POR 10 CM DE ALTURA

BOLO DECORADO DE 15 CM DE DIÂMETRO POR 10 CM DE ALTURA

BOLO DECORADO DE 20 CM DE DIÂMETRO POR 12 CM DE ALTURA

Sugestão: duas receitas e meia de bolo de chocolate com ganache de chocolate meio amargo (Ver capítulo Receitas de Base)

INGREDIENTES E UTENSÍLIOS

200 G DE MASSA ELÁSTICA CASEIRA OU MASSA PARA FLORES INDUSTRIALIZADA

CORANTES EM GEL VERDE, AMARELO E BORGONHA

CORTADOR DE FLOR DE 5 PÉTALAS PEQUENO

150 G DE GLACÊ REAL

BICO PERLÊ NÚMERO 2

1,6 KG DE PASTA AMERICANA

TÁBUA DE MADEIRA DE 30 CM DE DIÂMETRO

TÉCNICAS UTILIZADAS

MASSA ELÁSTICA (P. 8)

GLACÊ REAL (P. 10)

PASTA AMERICANA (P. 7)

1. Comece preparando as flores: utilize um cortador de flor de 5 pétalas e massa elástica (aproximadamente 200 g de massa, tingida de 3 tons de borgonha, em degradê).
2. Confeccione aproximadamente 120 flores seguindo o passo a passo: abra a massa em espessura bem fina, recorte a flor e coloque-a para secar em um montinho de açúcar para que fique com formato curvo.
3. Depois de seca, pincele-a para retirar o excesso de açúcar e faça o miolo com glacê real rosa e bico perlê número 2.
4. Cubra os bolos com pasta americana tingida de verde-claro. Posicione-os colocando as estruturas internas e cole as flores na lateral, concentrando as mais escuras no centro.

Bolo Brush Embroidery

A técnica do *brush embroidery* faz um lindo efeito no bolo branco, criando um contraste e efeito de bordado. Sugestão versátil para aniversários, bodas e casamentos.

PARA O BOLO

BOLO DECORADO DE 10 CM DE DIÂMETRO POR 10 CM DE ALTURA

BOLO DECORADO DE 15 CM DE DIÂMETRO POR 10 CM DE ALTURA

BOLO DECORADO DE 20 CM DE DIÂMETRO POR 10 CM DE ALTURA

BOLO DECORADO DE 30 CM DE DIÂMETRO POR 10 CM DE ALTURA

Sugestão: cinco receitas de bolo de baunilha com ganache de chocolate ao leite (Ver capítulo Receitas de Base)

INGREDIENTES E UTENSÍLIOS

3 KG DE PASTA AMERICANA

350 G DE GLACÊ REAL

CORANTE EM GEL VINHO

BICO DE CONFEITAR NÚMERO 3

PINCÉIS VARIADOS

PAPEL-MANTEIGA

TÁBUA DE MADEIRA DE 35 CM DE DIÂMETRO

FERRAMENTA *SCRIBER* OU PALITO DE MADEIRA

TÉCNICAS UTILIZADAS

PASTA AMERICANA (P. 7)

GLACÊ REAL (P. 10)

1. Cubra os 4 bolos com pasta americana branca.
2. O desenho das flores pode ser feito à mão livre, diretamente com glacê real na cor vinho e bico perlê número 3, ou então transferido para o bolo utilizando um molde e posteriormente contornado com glacê.
3. Se for usar um molde, desenhe as flores em papel-manteiga e fixe-o no bolo com a ajuda de alfinetes. Faça o contorno com uma ferramenta *scriber* ou mesmo a ponta de um palito de madeira de churrasco.
4. Contorne os desenhos com o glacê real utilizando um bico número 3. Trabalhe em regiões pequenas do bolo, fazendo no máximo 3 flores de cada vez, pois, para usar a técnica do *brush embroidery*, o contorno não pode estar seco.
5. Umedeça um pincel de cerdas firmes em água filtrada, retire o excesso e faça movimentos de fora para dentro, partindo do contorno de glacê, dando o efeito de bordado.
6. Faça o acabamento nas bases de cada bolo com glacê real branco e bico perlê número 3.

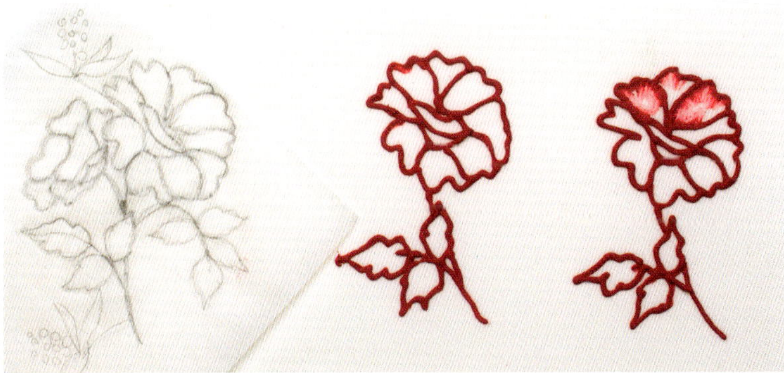

Bolo Coruja

Animal muito querido pelas crianças, é o tema de um bolo esculpido, mas fácil de fazer. Combine-o com cupcakes e cake pops do tema.

PARA O BOLO

DOIS BOLOS DE 20 CM DE DIÂMETRO

Sugestão: uma receita e meia de bolo de baunilha com ganache de chocolate ao leite (Ver capítulo Receitas de Base)

INGREDIENTES E UTENSÍLIOS

- 700 G DE PASTA AMERICANA
- CORANTE EM GEL MARROM, PRETO E LARANJA
- PALITO DE MADEIRA (ESPETO DE CHURRASCO)
- 50 G DE MASSA ELÁSTICA
- 100 G DE GLACÊ REAL
- FACA DE SERRA LONGA
- SUPORTES PARA BOLOS DE ANDARES
- DISCO DE PAPELÃO RÍGIDO REVESTIDO, COM 10 CM DE DIÂMETRO

TÉCNICAS UTILIZADAS

- PASTA AMERICANA (P. 7)
- MASSA ELÁSTICA (P. 8)
- GLACÊ REAL (P. 10)

1. Asse os bolos em dois aros de 15 cm de diâmetro com 10 cm de altura e, depois de prontos, desenforme. Coloque um bolo sobre o outro, inserindo suportes internos no bolo de baixo. Ë importante que o de cima esteja em um disco de 10 cm de diâmetro, pois o bolo será esculpido.
2. Retire o excesso de massa nas laterais, dando o formato arredondado do rosto da coruja.
3. Cubra todo o bolo com 500 g de pasta americana marrom.
4. Faça o rosto seguindo o passo a passo.
5. O bico é feito de 40 g de pasta americana laranja e colado no rosto da coruja com a ajuda de um palito de churrasco.
6. Para os olhos, abra 25 g de massa elástica em dois círculos cinza-claros de aproximadamente 10 cm de diâmetro. Em seguida, com 10 g de massa elástica, abra dois círculos brancos de 6 cm de diâmetro. Deixe todos secando.
7. Quando estiverem firmes, cole com glacê real e finalize cada olho com uma bolinha de pasta americana preta.

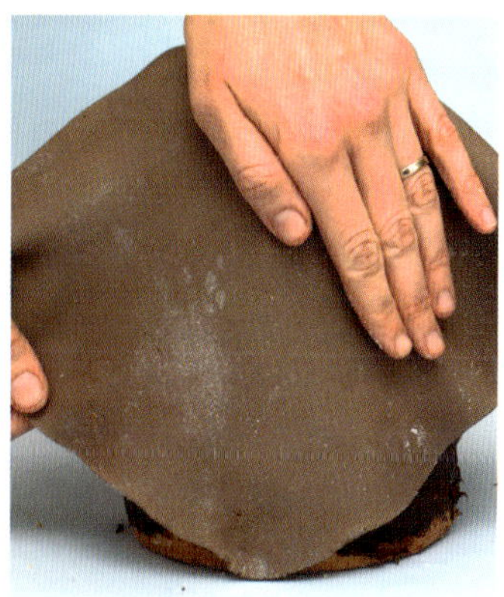

Bolo Tulipas Crespas

As tulipas crespas são lindas e exóticas. Reproduzidas em massa de açúcar, deixam o bolo muito sofisticado

PARA O BOLO

BOLO DECORADO DE 15 CM DE DIÂMETRO POR 10 CM DE ALTURA

BOLO DECORADO DE 20 CM DE DIÂMETRO POR 10 CM DE ALTURA

BOLO DECORADO DE 25 CM DE DIÂMETRO POR 10 CM DE ALTURA

BOLO DECORADO DE 35 CM DE DIÂMETRO POR 10 CM DE ALTURA

Sugestão: seis receitas de bolo de baunilha com ganache de chocolate ao leite (Ver capítulo Receitas de Base)

INGREDIENTES E UTENSÍLIOS

2,5 KG DE PASTA AMERICANA

300 G DE MASSA ELÁSTICA CASEIRA OU MASSA PARA FLORES INDUSTRIALIZADA

CORANTES EM GEL ROSA E VERDE

CORANTES EM PÓ VERDE DE TONS VARIADOS

KIT DE CORTADORES PARA TULIPA CRESPA

CORTADOR DE FOLHA GRANDE

ARAMES FLORAIS NÚMERO 24, 26 E 28

MARCADORES DE TEXTURA DE TULIPA CRESPA

MARCADORES DE TEXTURA DE FOLHA

PLACA DE ARAMAR PÉTALAS E FOLHAS

BICO PERLÊ NÚMERO 3

FITA FLORAL VERDE

FÔRMAS PARA OVO DE PÁSCOA DE 50 G

ESTECA DRESDEN

BOLEADORES

COLA DE CMC

CLARA DE OVO

TÁBUA DE MADEIRA DE 45 CM DE DIÂMETRO

PINÇA

TÉCNICAS UTILIZADAS

PASTA AMERICANA (P. 7)

MASSA ELÁSTICA (P. 8)

GLACÊ REAL (P. 10)

1. Cubra os bolos com pasta americana tingida com corante em gel rosa.
2. Para as tulipas, utilize massa elástica branca, fazendo a pintura com corante em pó após a secagem das peças.
3. Siga o passo a passo e confeccione 6 pétalas para cada flor, mais o centro e os estames. O centro é um pequeno cilindro de massa elástica verde, com o topo dividido em 3 segmentos (utilize uma pinça marcadora para tal). Os estames são feitos a partir de bolinhas de massa elástica alongadas, no formato e tamanho de um grão de arroz. Em ambos os casos utilize arames número 28.
4. Abra a massa em espessura bem fina utilizando um *pad* antiaderente com ranhuras para flores e folhas, corte com um cortador de tulipas crespas e insira um arame branco número 26 ou 28 em cada pétala. Molhe o arame na clara de ovo e insira na ranhura da parte posterior da pétala.
5. Com a ajuda de uma esteca angulada, afine as bordas de cada pétala e, em seguida, marque-as com o molde de silicone. Coloque-as para secar em uma superfície arredondada, que pode ser uma calha de flores ou uma fôrma pequena de ovo de Páscoa.
6. Deixe secar por 24 horas antes de montar as flores com fita floral verde, unindo o centro, 6 estames e 6 pétalas para cada flor.
7. Para o acabamento do bolo, faça bolinhas de glacê real utilizando bico perlê número 3.

Bolo Borboletas

Um jardim estilizado para um aniversário lindamente decorado. Borboletas feitas de renda de açúcar trazem muita cor e leveza.

PARA O BOLO

BOLO DECORADO DE 15 CM DE DIÂMETRO POR 10 CM DE ALTURA

BOLO DECORADO DE 25 CM DE DIÂMETRO POR 10 CM DE ALTURA

Sugestão: duas receitas de naked cake de limão-siciliano com buttercream de baunilha (Ver capítulo Receitas de Base)

PARA PREPARAR SUA PRÓPRIA RENDA

20 G DE AMIDO DE MILHO

5 G DE CMC

10 G DE AÇÚCAR IMPALPÁVEL

60 G DE ÁGUA

35 G DE GLACÊ REAL PRONTO

INGREDIENTES E UTENSÍLIOS

1,2 KG DE PASTA AMERICANA

CORANTES EM GEL VERDE-MUSGO E MARROM

CORANTES EM PÓ ROSA, AMARELO E LILÁS

COLA DE CMC

MOLDE DE SILICONE PARA RENDA DE AÇÚCAR NO FORMATO DE BORBOLETAS

BOLEADOR

COLA DE CMC

BICO PERLÊ NÚMERO 2

TÁBUA DE MADEIRA DE 35 CM DE DIÂMETRO

TÉCNICAS UTILIZADAS

PASTA AMERICANA (P. 7)

GLACÊ REAL (P. 10)

1. Comece confeccionando as borboletas, que são feitas com renda de açúcar.
2. Junte o amido de milho, CMC e açúcar impalpável. Em seguida, acrescente os demais ingredientes e misture tudo com um fouet. Passe por uma peneira fina duas vezes. Espalhe pequenas porções no seu molde de renda e deixe secar em temperatura ambiente. (A massa de renda flexível deve ser mantida em um pote fechado hermeticamente e se conserva na geladeira por uma semana.)
3. Retire a renda cuidadosamente e utilize.
4. Para fazer as borboletas como no bolo, apoie-as na lateral de uma fôrma retangular e deixe que sequem completamente.
5. Pinte as borboletas depois de secas com corante em pó. Sempre faça peças extras, pois elas são muito frágeis e se quebram facilmente.
6. Cubra os bolos com aproximadamente 1,2 kg de pasta americana tingida de verde-musgo. Faça o acabamento da lateral dos bolos com tiras irregulares da pasta americana que sobrou, boleando as bordas suavemente para fazer um efeito ondulado. Cole com cola de CMC.
7. Cole as borboletas no bolo como desejar, utilizando um pouco de glacê real tingido no mesmo tom de verde.
8. Faça o corpo das borboletas com glacê real tingido com corante marrom, utilizando saco de confeitar e bico perlê número 2. Cole-as no bolo com glacê real.

Bolo Minha Bolsa Favorita

Aquela bolsa, que é objeto de desejo, pode virar um bolo e ser uma linda surpresa para a aniversariante fashionista.

PARA O BOLO

Sugestão: uma receita e meia de bolo de chocolate com recheio de chocolate meio amargo (Ver capítulo Receitas de Base)

INGREDIENTES E UTENSÍLIOS

1,5 KG DE PASTA AMERICANA

CORANTES EM GEL MARROM, PRETO E VERMELHO

CORANTE EM PÓ DOURADO

ÁLCOOL DE CEREAIS

COLA DE CMC

CMC

200 G DE MASSA DE PASTILHAGEM

RÉGUA

CORANTE EM PÓ PRATEADO

TÁBUA DE MADEIRA COM 45 CM DE DIÂMETRO

CARRETILHA

TÉCNICAS UTILIZADAS

PASTA AMERICANA (P. 7)

MASSA ELÁSTICA (P. 8)

MASSA DE PASTILHAGEM (P. 9)

BOLOS DE ANDARES (P. 12)

1. Asse o bolo de chocolate em uma fôrma retângular medindo aproximadamente 25 cm x 35 cm. Desenforme o bolo e divida a massa em 4 retângulos. Recheie cada um deles com a ganache. Empilhe dois dos retângulos e coloque suportes de sustentação usados em bolos de andares. Coloque uma base de papelão rígida própria para montagem de bolos de andares e termine de empilhar os dois últimos retângulos. É necessário obter um bolo em formato de bloco, que será esculpido no formato de bolsa.
2. Utilize uma faca de serra longa e comece a arredondar as pontas e deixar o topo mais estreito que a base, mantendo o formato retangular.
3. Nas laterais, faça uma cavidade longa e de formato triangular, nos dois lados, para imitar as pregas laterais da bolsa.
4. É interessante ter ao seu lado o modelo de bolsa que pretende imitar, pois fica mais fácil interpretar todos os detalhes.
5. Quando o formato estiver próximo ao do pretendido, passe buttercream por toda a superfície e leve o bolo à geladeira por aproximadamente 2 horas.
6. Em seguida, passe outra camada de buttercream (ver receita na p. 34), deixando-a bem uniforme e preenchendo todas as imperfeições.
7. Cubra tudo com pasta americana tingida de marrom-claro.
8. Depois de coberto, faça um retângulo de pasta da mesma cor, com espessura de 1 cm, e afine todas as bordas. Cole na frente da bolsa, para imitar o bolso frontal.
9. Em seguida, cubra toda a área da frente do bolo com uma peça ligeiramente maior de cantos inferiores arredondados, fazendo o acabamento do bolso (veja o passo a passo na página seguinte).
10. Faça o acabamento com um rolinho bem fino de pasta, dando a volta por todo o retângulo. Cole com cola de CMC.
11. Em seguida, faça a aba superior, também de pasta americana tingida de corante marrom. É importante que essa peça seja mais espessa, com aproximadamente 0,4 mm de espessura.

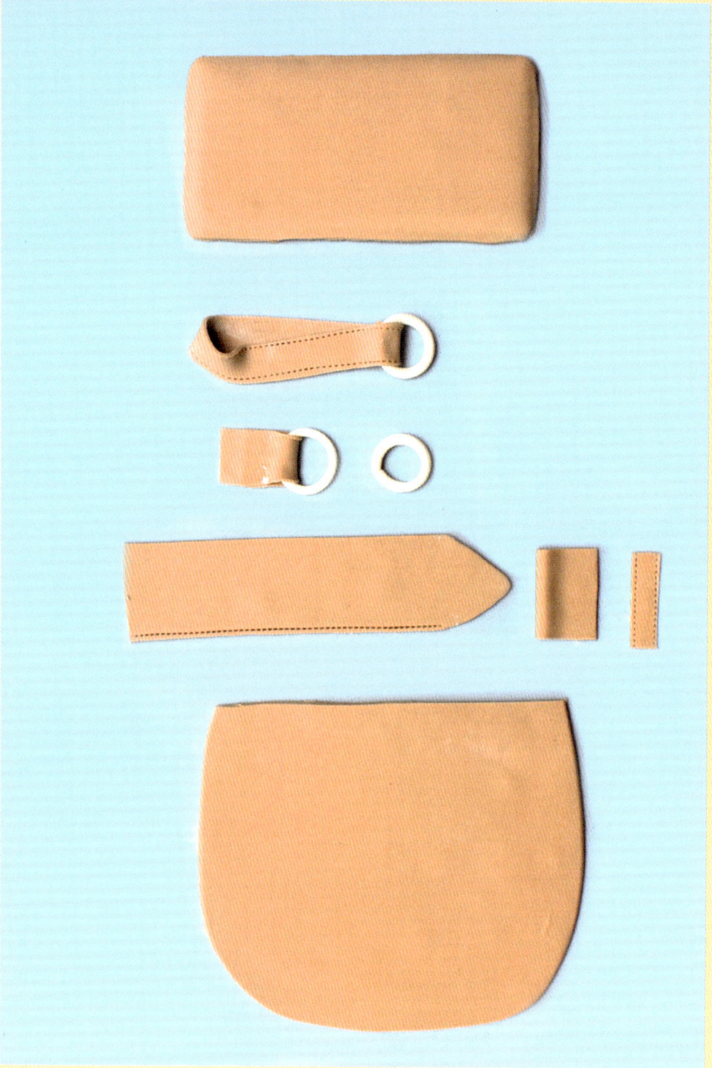

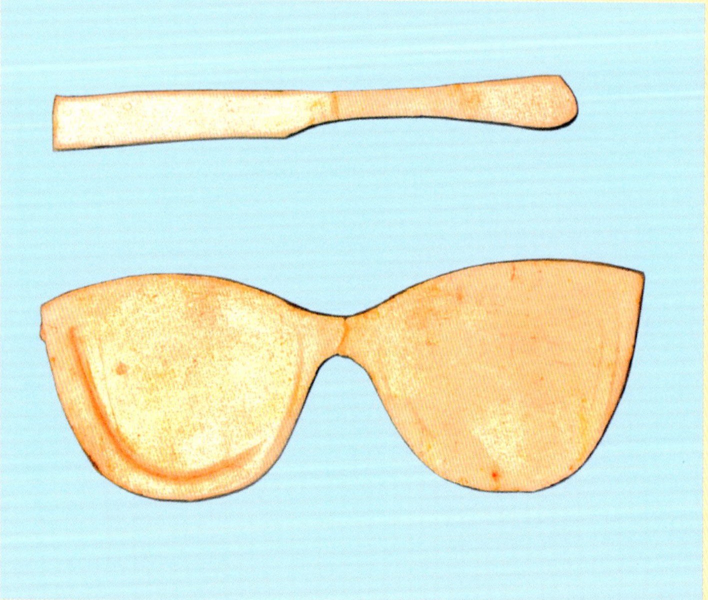

12. O detalhe do fecho também é feito de pasta americana marrom: uma tira de 5 cm de largura e aproximadamente 25 cm de comprimento, com a ponta recortada em formato triangular. Cole com cola de CMC por cima da aba e faça os detalhes com pasta americana.
13. Para os óculos, separe aproximadamente 200 g de massa elástica ou massa de pastilhagem. Abra a massa em um retângulo com espessura de 0,3 mm e recorte o desenho dos óculos, usando um modelo real.
14. Deixe secar apoiado em um monte de açúcar impalpável para que fique com formato arredondado.
15. Recorte as hastes, seguindo o tamanho dos óculos usados como molde.
16. Depois de seco, pinte com corante em pó diluído em álcool de cereais: vermelho e dourado para a área da armação e preto misturado com corante branco (resultando em um tom de cinza bem escuro) para a lente. Depois de seco, passe verniz comestível na área da armação dos óculos.
17. Dê suaves pinceladas de corante em pó prateado na "lente" dos óculos para um efeito brilhante.
18. As alças são feitas de tiras de 2 cm de largura. Utilize a mesma pasta americana marrom, mas misture um pouco de CMC para que ela fique mais fácil de ser modelada com movimento. Duas pitadas são suficientes.
19. Modele três argolas de massa elástica a partir de rolinhos finos e modele-as de modo que tenham 3,5 cm de diâmetro. Deixe que sequem ligeiramente.
20. Enquanto isso, marque as aberturas laterais na bolsa, fazendo um corte na pasta americana de aproximadamente 4 cm em cada lado. Abra-o com a ajuda de uma esteca e insira um rolinho de pasta americana preta, para dar profundidade.
21. Em seguida, abra a pasta marrom com CMC em espessura fina e recorte um retângulo de pasta americana de 7 cm de comprimento e 3,5 cm de largura. Cole-o dobrando ao meio e colocando uma das argolas por dentro, fazendo assim o suporte da alça da bolsa. Faça a alça mais curta abrindo uma tira de 15 cm de comprimento por 2 cm de largura. Marque os pespontos com a ajuda de uma carretilha. Dobre-a ao meio, insira a outra argola e cole-a na lateral da bolsa, formando uma alça. Apoie-a na lateral da bolsa, cole com cola de CMC e, para que seque com movimento, coloque alguns rolinhos de papel-toalha até que esteja totalmente seca.
22. Para a alça do lado esquerdo, corte uma tira de 3 cm de largura por 40 cm de comprimento. Faça os pespontos com a carretilha e cole a alça na outra lateral, inserindo a última argola como foi feito da primeira vez.

BOLOS
Cake pops

PARA OS CAKE POPS USE
A RECEITA DE BASE QUE
ESTÁ NO INÍCIO DO LIVRO OU
A SUA PREFERIDA DO VOLUME 2.

Cake pop Coração

1. Prepare uma receita de cake pop seguindo as instruções do capítulo Receitas de Base.
2. Como este modelo será recortado, é importante que a massa esteja úmida o suficiente para manter seu formato.
3. Abra a massa com as mãos em uma superfície plana, pressionando as migalhas de bolo.
4. Corte os corações utilizando um cortador de biscoitos.
5. Passe a ponta dos palitos em um pouco de cobertura de chocolate derretida.
6. Coloque os "pirulitos" em uma assadeira forrada com papel-manteiga e leve-os à geladeira por pelo menos 30 minutos, para que fiquem mais firmes.
7. Derreta a cobertura de chocolate (para o efeito da foto foi utilizado chocolate branco) e banhe os pirulitos um a um. Espete-os em uma base de isopor para que a cobertura seque.
8. Depois de secos, pincele os corações com pó para decoração vermelho perolado.
9. Faça o acabamento com uma fita na base do coração.

INGREDIENTES E UTENSÍLIOS

PALITOS DE MADEIRA (ESPETO DE CHURRASCO)

CORTADOR EM FORMATO DE CORAÇÃO

CORANTE EM PÓ VERMELHO PEROLADO

400 G DE COBERTURA DE CHOCOLATE BRANCO

FITA PARA ACABAMENTO

Cake pop Florzinha

1. Prepare a massa do cake pop seguindo as instruções do capítulo Receitas de Base.
2. Como este modelo será recortado, é importante que a massa esteja úmida o suficiente para manter seu formato.
3. Abra a massa em uma superfície plana, com as mãos, pressionando as migalhas de bolo.
4. Utilizando um cortador de biscoitos, corte flores de 5 pétalas.
5. Passe a ponta dos palitos em um pouco de cobertura de chocolate derretida.
6. Coloque os pirulitos em uma assadeira forrada com papel-manteiga e leve-os à geladeira por pelo menos 30 minutos, para que fiquem mais firmes.
7. Derreta a cobertura de chocolate (para o efeito da foto, foi utilizado chocolate branco) e banhe os pirulitos um a um. Espete-os em uma base de isopor para que a cobertura seque.
8. Depois de secos, pincele as flores com pó para decoração rosa perolado.
9. Com a ajuda de um saco de confeitar e bico perlê número 3, faça o contorno com glacê real rosa e o miolo com glacê real amarelo.

INGREDIENTES E UTENSÍLIOS

PALITOS DE MADEIRA (ESPETO DE CHURRASCO)
CORTADOR DE FLOR DE 5 PÉTALAS
CORANTE EM PÓ ROSA PEROLADO
CORANTE LIPOSSOLÚVEL ROSA
CORANTES EM GEL ROSA E AMARELO
150 G DE GLACÊ REAL
400 G DE COBERTURA DE CHOCOLATE BRANCO

TÉCNICA UTILIZADA

GLACÊ REAL (P. 10)

Cake pop Piu-Piu

1. Prepare a massa do cake pop seguindo as instruções do capítulo Receitas de Base.
2. Faça bolinhas com ela, tomando cuidado para manter o mesmo tamanho.
3. Passe a ponta dos palitos em um pouco de cobertura de chocolate derretida.
4. Coloque os pirulitos em uma assadeira forrada com papel-manteiga e leve-os à geladeira por pelo menos 30 minutos, para que fiquem mais firmes.
5. Derreta a cobertura de chocolate (para a foto, foi utilizado chocolate branco tingido com corante lipossolúvel amarelo) e banhe os pirulitos um a um. Coloque-os para secar em uma assadeira forrada com papel-manteiga.
6. Faça o bico com uma bolinha de pasta americana laranja.
7. Pincele a base e o topo das bolinhas com a mesma cobertura de chocolate usada para cobertura e, em seguida, espalhe glitter comestível laranja.
8. Faça os olhos com uma canetinha de corante comestível preto.

INGREDIENTES E UTENSÍLIOS

GARFINHOS DE BAMBU PARA PETISCOS

400 G DE COBERTURA DE CHOCOLATE BRANCO

CORANTE LIPOSSOLÚVEL AMARELO

CORANTE EM GEL LARANJA

50 G DE PASTA AMERICANA

CANETINHA DE CORANTE COMESTÍVEL PRETO

GLITTER COMESTÍVEL LARANJA

TÉCNICA UTILIZADA

PASTA AMERICANA (P. 7)

Cake pop Palhacinho

1. Prepare a massa do cake pop seguindo as instruções do capítulo Receitas de Base.
2. Faça bolinhas com a massa de bolo, mantendo um tamanho padrão.
3. Passe a ponta dos palitos em um pouco de cobertura de chocolate derretida.
4. Coloque os pirulitos em uma assadeira forrada com papel-manteiga e leve-os à geladeira por pelo menos 30 minutos para que fiquem mais firmes.
5. Derreta a cobertura de chocolate (na foto, foi utilizada cobertura de chocolate branco) e banhe os pirulitos um a um. Coloque-os para secar espetados em uma base de isopor.
6. Modele duas bolinhas de pasta americana vermelha do tamanho de uma ervilha. Uma delas será o nariz do palhaço, e a outra, a boca.
7. Para a boca, role a bolinha na palma da mão, alongando-a e moldando-a no formato de uma banana. Cole as duas peças no cake pop com gotinhas de cobertura de chocolate branco.
8. Os olhos são feitos com dois rolinhos de pasta americana preta.
9. Modele o chapéu a partir de uma bolinha de pasta americana verde do tamanho de uma ervilha. Alongue-a dando o formato do chapéu. Para a aba, abra pasta americana verde e recorte bolinhas com um bico de confeitar.
10. Cole no topo do cake pop, utilizando cobertura de chocolate branco.
11. Pincele a área restante do topo e das laterais da cabeça com cobertura de chocolate branco e salpique confeitos cor-de-rosa, formando o cabelo do palhacinho.

INGREDIENTES E UTENSÍLIOS

PALITOS DE MADEIRA

400 G DE COBERTURA DE CHOCOLATE BRANCO

CORANTE EM GEL VERMELHO, AMARELO, PRETO, VERDE E LARANJA

FORMINHA DE SILICONE NO FORMATO DE LAÇO E FLOR

CONFEITO COR-DE-ROSA

80 G DE PASTA AMERICANA

TÉCNICA UTILIZADA

PASTA AMERICANA (P. 7)

Cake pop Bolo de Casamento

INGREDIENTES E UTENSÍLIOS

GARFINHOS DE BAMBU PARA PETISCOS

CORTADORES REDONDOS LISOS COM 5 CM, 3 CM E 1,5 CM DE DIÂMETRO

400 G DE COBERTURA DE CHOCOLATE BRANCO

100 G DE GLACÊ REAL

CORANTE EM GEL VERMELHO

BICO PERLÊ NÚMERO 3

CONFEITOS DOURADOS

TÉCNICA UTILIZADA

GLACÊ REAL (P. 10)

1. Prepare a massa do cake pop seguindo as instruções do capítulo Receitas de Base.
2. Como este modelo será recortado, é importante que a massa esteja úmida o suficiente para manter seu formato.
3. Abra a massa em uma superfície plana, com as mãos, pressionando as migalhas de bolo.
4. Corte 3 círculos de tamanhos diferentes e proporcionais utilizando um cortador de biscoitos. Para o efeito da foto foram utilizados cortadores de 5 cm, 3 cm, e 1,5 cm. Sobreponha-os colando com cobertura de chocolate branco.
5. Passe a ponta dos palitos em um pouco de cobertura de chocolate derretida e espete pelo topo.
6. Coloque os pirulitos em uma assadeira forrada com papel-manteiga e leve-os à geladeira por pelo menos 30 minutos, para que fiquem mais firmes.
7. Derreta a cobertura de chocolate (para a foto, foi utilizado chocolate branco) e banhe os pirulitos um a um. Coloque-os para secar em uma assadeira forrada com papel-manteiga.
8. Quando estiverem secos, faça a cobertura. Separe 100 g de glacê real pronto tingido de vermelho. Adicione água filtrada aos poucos (5 g de cada vez) até obter uma consistência semelhante à do mel. Coloque o glacê amolecido em um saco de confeitar com bico perlê número 3 e decore a parte superior de cada camada do bolinho de cake pop, deixando glacê escorrer pelas laterais e dando o efeito de cobertura.
9. Salpique os confeitos dourados e deixe secar.

Cake pop Ursinho

1. Prepare a massa do cake pop seguindo as instruções do capítulo Receitas de Base.
2. Enrole-a em bolinhas, mantendo o mesmo tamanho.
3. Passe a ponta dos palitos em um pouco de cobertura de chocolate derretida.
4. Coloque os pirulitos em uma assadeira forrada com papel-manteiga e leve-os à geladeira por pelo menos 30 minutos, para que fiquem mais firmes.
5. Derreta a cobertura de chocolate (foi utilizada cobertura de chocolate ao leite para a foto) e banhe os pirulitos um a um. Deixe-os secar espetados em uma base de isopor.
6. Para o rosto do urso, molde uma bolinha de pasta americana marrom do tamanho de um grão-de-bico no formato oval e cole com uma gotinha de cobertura de chocolate ao leite.
7. Utilizando um canudo cortado ao meio, marque a boquinha do urso. O nariz deve ser feito com uma bolinha de pasta americana preta. Para as orelhas, modele duas bolinhas de pasta americana marrom do tamanho de uma ervilha. Marque o centro das bolinhas com um boleador pequeno e cole-as no cake pop, formando as orelhas do urso.
8. Faça os olhos com duas bolinhas de pasta americana preta.

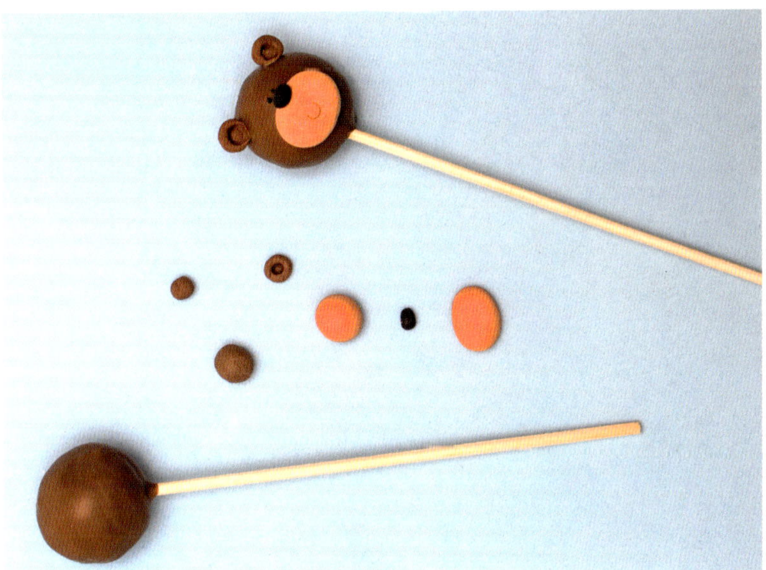

INGREDIENTES E UTENSÍLIOS

PALITOS DE MADEIRA (ESPETOS DE CHURRASCO)

400 G DE COBERTURA DE CHOCOLATE AO LEITE

100 G DE PASTA AMERICANA

CORANTES EM GEL MARROM E PRETO

1 CANUDO PLÁSTICO

COLA DE CMC

TÉCNICA UTILIZADA

PASTA AMERICANA (P. 7)

Cake pop Rosa

1. Prepare a massa do cake pop seguindo as instruções do capítulo Receitas de Base.
2. Faça bolinhas com a massa de bolo, mantendo sempre o mesmo tamanho.
3. Passe a ponta dos palitos em um pouco de cobertura de chocolate derretida.
4. Coloque os pirulitos em uma assadeira forrada com papel-manteiga e leve-os à geladeira por pelo menos 30 minutos, até que fiquem mais firmes.
5. Derreta a cobertura de chocolate (para a foto, foi utilizada a de chocolate ao leite) e banhe os pirulitos um a um. Coloque-os para secar espetados em uma base de isopor.
6. Modele as rosas com pasta americana vermelha, utilizando uma forminha de silicone no formato da flor.
7. Pincele os cake pops com pó dourado e cole as rosas com uma gota de cobertura de chocolate ao leite.

INGREDIENTES E UTENSÍLIOS

PALITOS DE MADEIRA (ESPETOS DE CHURRASCO)

400 G DE COBERTURA DE CHOCOLATE AO LEITE

FORMINHA DE SILICONE NO FORMATO DE ROSA

CORANTE EM GEL VERMELHO

CORANTE EM PÓ DOURADO

150 G DE PASTA AMERICANA

TÉCNICA UTILIZADA

PASTA AMERICANA (P. 7)

Cake pop Elefante

1. Prepare a massa do cake pop de acordo com as instruções do capítulo Receitas de Base.
2. Faça bolinhas com a massa de bolo, mantendo um tamanho padrão.
3. Passe a ponta dos palitos em um pouco de cobertura de chocolate derretida.
4. Coloque os pirulitos em uma assadeira forrada com papel-manteiga e leve-os à geladeira por pelo menos 30 minutos, até que fiquem mais firmes.
5. Derreta a cobertura de chocolate (para o efeito da foto, foi utilizada a de chocolate branco com corante lipossolúvel preto) e banhe os pirulitos um a um. Coloque-os para secar espetados em uma base de isopor.
6. Para as orelhas e a tromba, você precisará de 10 g de massa elástica cinza para cada cake pop.
7. Divida-a em três bolinhas. Achate duas para formar as orelhas, colando com uma gota da mesma cobertura de chocolate branco tingida de cinza. A tromba é modelada a partir da terceira bolinha, alongada e com a ponta beliscada. Deixe o cake pop secar apoiado em uma assadeira para que a tromba seque no formato certo.
8. Os olhos devem ser feitos com duas bolinhas de pasta americana branca e duas de pasta preta.
9. Utilize um pouco de cobertura de chocolate tingida de cinza, usada para banhar os cake pops, como cola para as orelhas e a tromba.

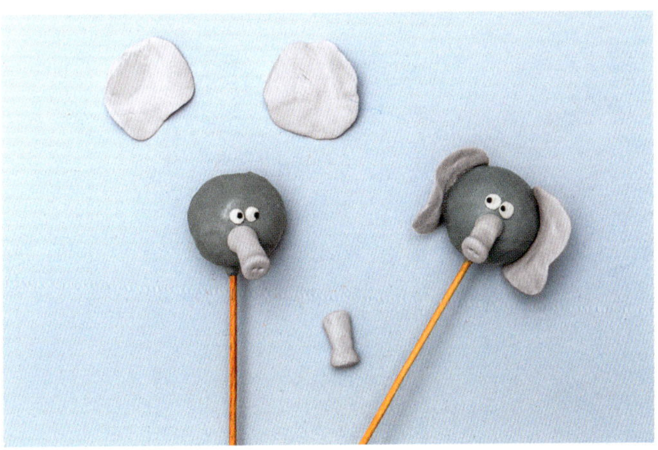

INGREDIENTES E UTENSÍLIOS

PALITOS DE MADEIRA (ESPETOS DE CHURRASCO)

300 G DE MASSA ELÁSTICA

CORANTE EM GEL PRETO

400 G DE COBERTURA DE CHOCOLATE BRANCO

100 G DE PASTA AMERICANA

TÉCNICAS UTILIZADAS

MASSA ELÁSTICA (P. 8)

PASTA AMERICANA (P. 7)

Cake pop Cachorro

1. Prepare a massa do cake pop seguindo as instruções do capítulo Receitas de Base.
2. Faça bolinhas com a massa de bolo, tomando cuidado para manter o mesmo tamanho.
3. Passe a ponta dos palitos em um pouco de cobertura de chocolate derretida.
4. Coloque os pirulitos em uma assadeira forrada com papel-manteiga e leve-os à geladeira por pelo menos 30 minutos, para que fiquem firmes.
5. Derreta a cobertura de chocolate (para a foto, foi utilizada a de chocolate ao leite) e banhe os pirulitos um a um. Coloque-os para secar espetados em uma base de isopor.
6. Separe uma bolinha de pasta americana marrom, um tom mais claro que o do chocolate, do tamanho de um grão-de-bico. Divida-a ao meio e modele as duas orelhas do cachorro. Cole com cobertura de chocolate ao leite.
7. Faça o nariz com pasta americana marrom, e a boca e os olhos a partir de um rolinho muito fino de pasta preta, ou com canetinha.

INGREDIENTES E UTENSÍLIOS

PALITOS DE MADEIRA (ESPETOS DE CHURRASCO)

400 G DE COBERTURA DE CHOCOLATE AO LEITE

150 G DE PASTA AMERICANA

CORANTES EM GEL PRETO E MARROM

CANETINHA DE CORANTE COMESTÍVEL PRETO

TÉCNICA UTILIZADA

PASTA AMERICANA (P. 7)

Cake pop Corujinha

1. Prepare a massa do cake pop seguindo as instruções do capítulo Receitas de Base.
2. Faça bolinhas com a massa e marque o meio de cada uma, criando uma leve divisão em dois segmentos e formando a cabeça e o corpinho da coruja.
3. Passe a ponta dos palitos em um pouco de cobertura de chocolate derretida.
4. Coloque os pirulitos em uma assadeira forrada com papel-manteiga e leve-os à geladeira para que fiquem mais firmes, por pelo menos 30 minutos.
5. Derreta a cobertura de chocolate (para a foto, foi usada a de chocolate ao leite) e banhe os pirulitos um a um. Coloque-os para secar espetados em uma base de isopor.
6. Para os olhos, abra massa elástica cinza e recorte dois círculos utilizando a base de um bico de confeitar. Faça duas bolinhas de pasta branca, achate-as com um boleador e cole por cima da pasta cinza com cola de CMC. Deixe secar.
7. Cole-as na coruja, na metade superior do cake pop, utilizando a cobertura de chocolate ao leite.
8. Faça as asas a partir de duas bolinhas de pasta americana cinza do tamanho de uma ervilha. Achate-as, dando um formato alongado. Molde o bico a partir de uma bolinha de pasta americana laranja.

INGREDIENTES E UTENSÍLIOS

PALITOS DE MADEIRA (ESPETO DE CHURRASCO)

400 G DE COBERTURA DE CHOCOLATE AO LEITE

50 G DE MASSA ELÁSTICA

CORANTES EM GEL PRETO E LARANJA

50 G DE PASTA AMERICANA

COLA DE CMC

TÉCNICAS UTILIZADAS

MASSA ELÁSTICA (P. 8)

PASTA AMERICANA (P. 7)

Cake pop Jardim

1. Prepare a massa do cake pop de acordo com as instruções do capítulo Receitas de Base.
2. Faça bolinhas com a massa, deixando-as todas do mesmo tamanho.
3. Passe a ponta dos palitos em um pouco de cobertura de chocolate derretida.
4. Coloque os pirulitos em uma assadeira forrada com papel-manteiga e leve-os à geladeira por pelo menos 30 minutos, para que fiquem mais firmes.
5. Derreta a cobertura de chocolate (para a foto, foi utilizada a de chocolate branco tingida com corante lipossolúvel verde) e banhe os pirulitos um a um. Coloque-os para secar em uma base de isopor.
6. Modele cada joaninha a partir de uma bolinha de pasta americana vermelha do tamanho de um grão-de-bico. Molde-a no formato ovalado e corte uma de suas extremidades. Em seguida, cole uma bolinha chantada de pasta preta e marque as pintas com canetinha preta.
7. Faça as minimargaridas com massa elástica branca e o miolo, com glacê real amarelo.
8. Para o acabamento, cole um círculo de pasta americana verde de 3 cm de diâmetro em cada cake pop. Cole as joaninhas e minimargaridas em cada cake pop com uma gotinha de cobertura de chocolate branco tingida de verde.

INGREDIENTES E UTENSÍLIOS

PALITOS DE MADEIRA (ESPETO DE CHURRASCO)

400 G DE COBERTURA DE CHOCOLATE BRANCO

150 G DE PASTA AMERICANA

CORANTES EM GEL VERMELHO, AMARELO, PRETO E VERDE

CORANTE LIPOSSOLÚVEL VERDE

80 G DE MASSA ELÁSTICA

CORTADOR DE MINIMARGARIDAS

50 G DE GLACÊ REAL

TÉCNICAS UTILIZADAS

PASTA AMERICANA (P. 7)

MASSSA ELÁSTICA (P. 8)

GLACÊ REAL (P. 10)

Cake pop Hortênsia

1. Prepare a massa do cake pop seguindo as instruções do capítulo Receitas de Base.
2. Faça bolinhas com a massa de bolo, mantendo um tamanho padrão.
3. Passe a ponta dos palitos em um pouco de cobertura de chocolate derretida.
4. Coloque os pirulitos em uma assadeira forrada com papel-manteiga e leve-os à geladeira por pelo menos 30 minutos, até ficarem mais firmes.
5. Derreta a cobertura de chocolate (a da foto é de chocolate branco tingida de corante lilás) e banhe os pirulitos um a um. Coloque-os para secar espetados em uma base de isopor.
6. Separe aproximadamente 50 g da cobertura de chocolate branco tingida de lilás e tinja-a em um tom mais escuro com o mesmo corante.
7. Com um cartucho de papel ou saco de confeitar e bico perlê, faça linhas concêntricas por volta do cake pop, de forma decorativa.
8. Faça as flores com massa elástica e cortadores.
9. Cole-as no cake pop com cobertura de chocolate branco derretida.

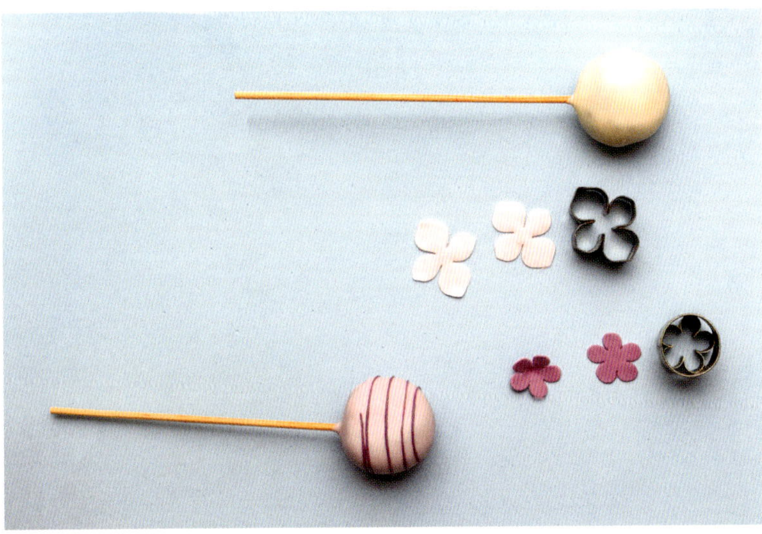

INGREDIENTES E UTENSÍLIOS

PALITOS DE MADEIRA (ESPETOS DE CHURRASCO)

400 G DE COBERTURA DE CHOCOLATE BRANCO

CORANTE LIPOSSOLÚVEL LILÁS

CORTADOR DE FLOR DE HORTÊNSIA

100 G DE MASSA PARA FLORES OU MASSA ELÁSTICA CASEIRA

CORANTE EM GEL LILÁS

CORANTE EM PÓ LILÁS

TÉCNICAS UTILIZADAS

MASSA ELÁSTICA (P. 8)

Cake pop Buquê de Flores

1. Prepare a massa do cake pop de acordo com as instruções do capítulo Receitas de Base. Faça bolinhas com ela, mantendo o mesmo tamanho.
2. Passe a ponta dos palitos em um pouco de cobertura de chocolate derretida.
3. Coloque os pirulitos em uma assadeira forrada com papel-manteiga e leve-os à geladeira por pelo menos 30 minutos, para que fiquem mais firmes.
4. Derreta a cobertura de chocolate (para a foto, foi utilizada a de chocolate branco) e banhe os pirulitos um a um. Coloque-os para secar apoiados em uma base de isopor.
5. Serão usadas aproximadamente 40 miniflores em cada cake pop. Corte-as com o cortador adequado, usando massa elástica vermelha, e cole-as no cake pop com um pouco de cobertura de chocolate branco.
6. Faça os miolos com glacê real e dê o acabamento com uma fita vermelha estreita.

INGREDIENTES E UTENSÍLIOS

GARFINHOS DE BAMBU PARA PETISCOS

400 G DE COBERTURA DE CHOCOLATE BRANCO

200 G DE MASSA ELÁSTICA CASEIRA OU MASSA PARA FLORES INDUSTRIALIZADA VERMELHA

CORTADOR DE MINIFLOR

CORANTE EM GEL VERMELHO

80 G DE GLACÊ REAL

FITA VERMELHA PARA ACABAMENTO

TÉCNICAS UTILIZADAS

MASSA ELÁSTICA (P. 8)

GLACÊ REAL (P. 10)

Cake pop Noivinhos

1. Prepare a massa do cake pop de acordo com as instruções do capítulo Receitas de Base. Enrole-a em bolinhas do mesmo tamanho.
2. Passe a ponta dos palitos em um pouco de cobertura de chocolate derretida.
3. Coloque os pirulitos em uma assadeira forrada com papel-manteiga e leve-os à geladeira por pelo menos 30 minutos, até que fiquem mais firmes.
4. Derreta a cobertura de chocolate (foi utilizada a de chocolate branco para a foto) e banhe os pirulitos um a um. Coloque-os para secar apoiados em uma base de isopor.
5. Metade dos cupcakes será de noivos, e a outra metade, de noivas.
6. Para as noivas, texturize pasta americana (aproximadamente 150 g) em uma placa de renda e recorte um círculo de 3 cm de diâmetro. Cole no cake pop com cobertura de chocolate branco. Faça um acabamento no palito com um laço de *voile*.
7. Para os noivos, abra massa elástica preta em uma espessura bem fina. Recorte um triângulo e, em seguida, faça mais um corte triangular, internamente. Dobre as pontas formando a gola, conforme o passo a passo, e cole na frente do cake pop.
8. Marque os botões com uma canetinha de corante comestível preto.

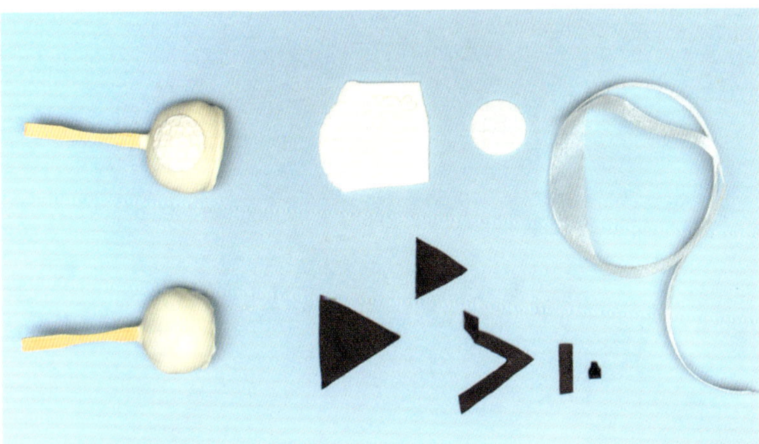

INGREDIENTES E UTENSÍLIOS

GARFINHOS DE BAMBU PARA PETISCOS
400 G DE COBERTURA DE CHOCOLATE BRANCO
CORANTES EM GEL PRETO E BRANCO
150 G DE PASTA AMERICANA
100 G DE MASSA ELÁSTICA
FITA DE CETIM BRANCA
CORTADOR REDONDO 3 CM DE DIÂMETRO
PLACA TEXTURIZADORA DE RENDA
FITA DE *VOILE* PARA ACABAMENTO
CANETINHA DE CORANTE COMESTÍVEL PRETO

TÉCNICAS UTILIZADAS

PASTA AMERICANA (P. 7)
MASSA ELÁSTICA (P. 8)

Cake pop Unicórnio

1. Prepare a massa do cake pop de acordo com as instruções do capítulo Receitas de Base.
2. Faça bolinhas do mesmo tamanho com a massa de bolo.
3. Passe a ponta dos palitos em um pouco de cobertura de chocolate derretida.
4. Coloque os pirulitos em uma assadeira forrada com papel-manteiga e leve-os à geladeira por pelo menos 30 minutos, até que fiquem mais firmes.
5. Derreta a cobertura de chocolate (para a foto, foi utilizada a de chocolate branco) e banhe os pirulitos um a um. Coloque-os para secar espetados em uma base de isopor.
6. Modele o chifre do unicórnio a partir de uma bolinha de pasta americana do tamanho de um grão-de-bico. Role-a formando um cordão bem comprido, dobre-o ao meio e torça levemente. Belisque um lado para formar a ponta e pincele com pó dourado. Cole no topo do cake pop com um pouco de cobertura de chocolate branco.
7. Desenhe os cílios com canetinha de corante comestível preto e faça um acabamento com confeitos coloridos colados com chocolate branco.

INGREDIENTES E UTENSÍLIOS

PALITOS DE MADEIRA (ESPETOS DE CHURRASCO)

400 G DE COBERTURA DE CHOCOLATE BRANCO

50 G DE CONFEITOS COLORIDOS

CANETINHA DE CORANTE COMESTÍVEL PRETO

CORANTES EM PÓ ROSA E DOURADO

PINCÉIS

100 G DE PASTA AMERICANA

TÉCNICA UTILIZADA

PASTA AMERICANA (P. 7)

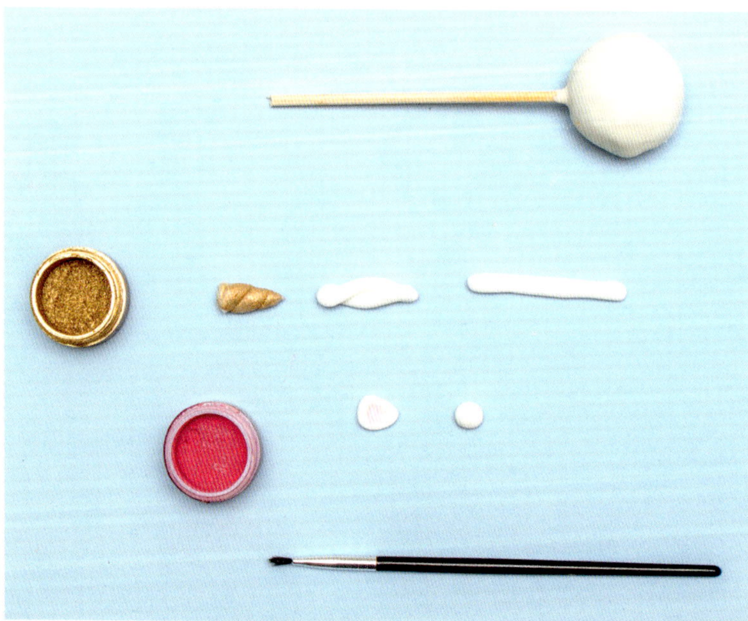

BOLOS
Cupcakes

PARA OS CUPCAKES USE
A RECEITA DE BASE QUE ESTÁ
NA P. 23 OU A SUA PREFERIDA
DO VOLUME 2.

Cupcake Rosa

INGREDIENTES E UTENSÍLIOS

1 RECEITA DE BUTTERCREAM DE BAUNILHA

CORANTES LIPOSSOLÚVEIS VERMELHO E VERDE

BICO DE CONFEITAR 2E

BICO FOLHA 70

1. Asse sua receita preferida de cupcake e separe 20 unidades.
2. Prepare uma receita de buttercream de baunilha (receita na p. 34) e tinja 2/3 de vermelho com corante lipossolúvel. Reserve o restante.
3. Com um bico de confeitar tamanho 2E, faça um movimento circular do centro para a borda, com a manga de confeitar a 90° em relação ao cupcake, formando uma roseta.
4. Tinja com corante lipossolúvel verde o buttercream reservado e, com bico folha, faça de 2 a 3 folhas em cada cupcake.

Cupcake Girassol

INGREDIENTES E UTENSÍLIOS

2 RECEITAS DE BUTTERCREAM DE BAUNILHA

CORANTE LIPOSSOLÚVEL AMARELO

BICO DE CONFEITAR 9B

100 G DE CONFEITOS GRANULADOS DE CHOCOLATE

1. Asse sua receita preferida de cupcake e separe 20 unidades.
2. Prepare duas receitas de buttercream de baunilha (ver receita na p. 34) e tinja o creme de amarelo, utilizando corante lipossolúvel.
3. Com um bico de confeitar número 9B, faça linhas retas das bordas para o centro do cupcake, começando com uma linha para cada direção, conforme o passo a passo. Em seguida, preencha os espaços e continue desenhando linhas de buttercream, formando o girassol. Com uma colher de café, preencha o centro com confeitos de chocolate.

Cupcake Crisântemo

INGREDIENTES E UTENSÍLIOS

2 RECEITAS DE BUTTERCREAM DE BAUNILHA

CORANTES LIPOSSOLÚVEIS LILÁS E BRANCO

BICO DE CONFEITAR 9B

1. Asse sua receita preferida de cupcake e separe 20 unidades.
2. Prepare duas receitas de buttercream de baunilha (ver receita na p. 34) e acrescente corante lipossolúvel branco, para que o tom amarelado fique mais suave. Em seguida, tinja o creme com corante lipossolúvel lilás, até obter o tom desejado para o crisântemo.
3. Com um bico de confeitar número 9B, faça linhas retas e curtas, começando na borda do cupcake e trabalhando em direção ao centro, formando o crisântemo.

Cupcake Corujinha

INGREDIENTES E UTENSÍLIOS

1 RECEITA DE BUTTERCREAM DE CHOCOLATE

200 G DE PASTA AMERICANA

CORANTES EM GEL MARROM E LARANJA

BICOS DE CONFEITAR DE DIÂMETROS VARIADOS PARA RECORTAR OS OLHOS

TÉCNICA UTILIZADA

PASTA AMERICANA (P. 7)

1. Asse sua receita preferida de cupcake e separe 20 unidades.
2. Prepare uma receita de buttercream de chocolate (ver receita na p. 34) e espalhe uma porção no topo de cada cupcake para nivelar. Cubra com um disco de pasta americana tingida com corante lipossolúvel marrom e faça os olhos e penas seguindo o passo a passo.

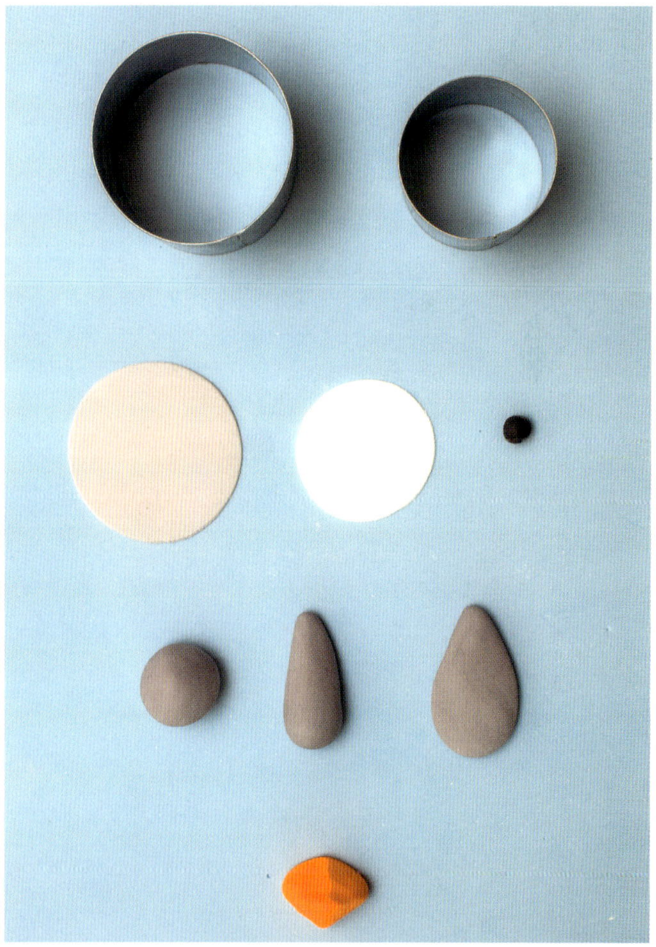

Cupcake Flores de Buttercream

INGREDIENTES E UTENSÍLIOS

CORANTES LIPOSSOLÚVEIS PÊSSEGO, ROSA E AMARELO
BICO DE CONFEITAR PÉTALA 103 OU 104
BICOS DE CONFEITAR NÚMERO 234 OU 61
PAPEL-MANTEIGA
PREGO OU SUPORTE DE FLORES

FLORES DE BUTTERCREAM

250 G DE AÇÚCAR
65 G DE ÁGUA
5 CLARAS
340 G DE MANTEIGA SEM SAL EM TEMPERATURA AMBIENTE
3 G DE EXTRATO DE BAUNILHA

Para o trabalho com as flores de buttercream, usamos uma receita especial.

1. Asse sua receita preferida de cupcake e separe 10 unidades.
2. Separe 200 g de açúcar e misture com a água. Leve ao fogo e deixe que ferva até atingir a temperatura de 115 °C.
3. Enquanto isso, bata as claras em neve, acrescente os 50 g de açúcar restante e bata até que fique firme e brilhante. Continue batendo e despeje a calda a 115 °C nas claras, com a batedeira funcionando, tomando o cuidado de não jogar a calda nas pás.
4. Bata até que esfrie (aproximadamente 10 minutos).
5. Acrescente a manteiga aos poucos e bata até que fique homogêneo.
6. Finalize com a baunilha.
7. Separe 100 g do buttercream em tom natural para o acabamento no topo de cada bolinho.
8. Cubra o topo de cada cupcake com buttercream natural, com a ajuda de uma espátula. Para as rosas, utilize bico pétala 103 ou 104.
9. Tinja 200 g do buttercream com corante lipossolúvel em tom pêssego.
10. Forme cada rosa seguindo o passo a passo, utilizando como base o prego (ou suporte) de flores. Cubra o lado mais largo do suporte com um pequeno quadrado de papel-manteiga, prendendo-o no suporte com um pouco de buttercream. Faça o centro da rosa com o mesmo bico pétala, completamente vertical. Pressione até obter uma porção de buttercream, com a base larga e o bico mais estreito.
11. Em seguida, com o mesmo bico pétala, mas em um ângulo de aproximadamente 45° e o lado mais estreito para cima, envolva todo este centro, dando uma volta completa nele. Mais uma vez, posicione o bico a 45° em relação ao centro da flor, com a parte mais fina para cima.
12. Enquanto uma das mãos gira suavemente o prego, a mão que está com o saco de confeitar deve fazer um movimento em arco, de baixo para cima e em seguida de cima para baixo, envolvendo o topo do centro da flor. Com este movimento, faça 2 grandes pétalas. Em seguida, repita o procedimento, mas desta vez formando 3 pétalas. Lembre-se de sobrepor suavemente cada uma delas em relação à anterior.
13. Transfira as rosas cuidadosamente para o topo do cupcake, utilizando uma tesoura específica para esse fim. Se preferir, leve a rosa à geladeira, o que a deixará mais fácil de ser manuseada.
14. Para as peônias, utilize também o suporte de flores e os quadradinhos de papel-manteiga.
15. Tinja 120 g de buttercream de amarelo e, com bico 234, forme o centro da flor, pressionando o buttercream no suporte e mantendo o saco de confeitar a 90°.
16. Em seguida, tinja 200 g do buttercream em tom de rosa-claro e, utilizando o bico 61 (com a parte mais estreita apontada para cima), faça pétalas bem pequenas, envolvendo o centro e sobrepondo-as ligeiramente. Quanto mais camadas de pétalas, mais aberta será a peônia. Para decorar o cupcake, você pode deixar alguns botões de peônias também, fazendo apenas uma camada de pétalas.

Cupcake Cactos

INGREDIENTES E UTENSÍLIOS

2 RECEITAS DE BUTTERCREAM DE BAUNILHA

CORANTE LIPOSSOLÚVEL VERDE

BICO DE CONFEITAR NÚMERO 6B

BICOS PERLÊ NÚMERO 4 E 2

50 G DE GLACÊ REAL

CORANTE EM GEL ROSA

TÉCNICA UTILIZADA

GLACÊ REAL (P. 10)

1. Asse sua receita preferida de cupcake e separe 20 unidades. Prepare duas receitas de buttercream (ver receita na p. 34) de baunilha e tinja-o de três tons de verde, deixando uma pequena porção na cor natural e em rosa-claro.
2. Os cactos são feitos diretamente na superfície do cupcake. Para tal, utilize bico número 6B para o cacto maior e bico perlê número 4 para a suculenta.
3. Faça o acabamento com pintinhas de buttercream natural utilizando bico perlê número 2.

Cupcake Flamingo

INGREDIENTES E UTENSÍLIOS

1 RECEITA DE BUTTERCREAM

CORANTE LIPOSSOLÚVEL ROSA

120 G DE MASSA ELÁSTICA

CORANTES EM GEL PRETO E ROSA

BICO DE CONFEITAR PÉTALA NÚMERO 98

TÉCNICA UTILIZADA

MASSA ELÁSTICA (P. 8)

1. Asse sua receita preferida de cupcake e separe 10 unidades.
2. Prepare uma receita de buttercream (ver receita na p. 34) de baunilha e tinja-o de corante lipossolúvel rosa.
3. Cada cupcake terá de 25 g a 30 g de buttercream.
4. Separe 120 g de massa elástica e tinja-a no mesmo tom de rosa.
5. Comece modelando o pescoço de cada flamingo: faça um rolinho de massa elástica fino e comprido e molde-o no formato do número 2, conforme a foto do passo a passo. Deixe secar. Pinte a ponta com corante em gel preto diluído em vodca e faça os olhos com duas bolinhas de pasta americana branca.
6. Para formar o conjunto de penas, utilize bico pétala 98 e faça linhas sucessivas no sentido horizontal, sobrepondo-as (veja o passo a passo).
7. Espete o pescoço e dê o acabamento com mais algumas folhas.

Cupcake Sorvete

INGREDIENTES E UTENSÍLIOS

2 RECEITAS DE BUTTERCREAM DE BAUNILHA

BOLEADOR DE SORVETE

200 G DE PASTA AMERICANA

CORANTES EM GEL MARROM E VERMELHO

TÉCNICA UTILIZADA

PASTA AMERICANA (P. 7)

1. Asse sua receita preferida de cupcake e separe 20 unidades.
2. Prepare duas receitas de buttercream (ver receita na p. 34) de baunilha.
3. Com a ajuda de um boleador de sorvete, coloque uma porção de buttercream no topo de cada cupcake. Calcule que cada um levará de 35 g a 40 g de buttercream.
4. Decore com pasta americana recortada no formato de calda de chocolate (veja o passo a passo).

Cupcake Baby

INGREDIENTES E UTENSÍLIOS

1 RECEITA DE BUTTERCREAM DE BAUNILHA

300 G DE PASTA AMERICANA

CORANTES EM GEL LARANJA,
VERDE, MARROM E ROSA

CANETINHA DE CORANTE COMESTÍVEL PRETO

BOLEADOR PEQUENO

BICO DE CONFEITAR NÚMERO 22

FORMINHAS PARA CUPCAKE

TÉCNICA UTILIZADA

PASTA AMERICANA (P. 7)

1. Prepare sua receita preferida de cupcake e separe 20 unidades.
2. Faça uma receita de buttercream (ver receita na p. 34) de baunilha e aproximadamente 300 g de pasta americana. Para fazer uma pele branca, tinja a pasta com duas gotinhas de corantes verde e laranja em gel. Para pele morena ou negra, acrescente também corante em gel marrom.
3. Com um bico perlê largo, coloque uma porção de buttecream no topo de cada cupcake.
4. Cubra-os com um disco de pasta americana no tom de pele desejado.
5. Modele o rosto seguindo o passo a passo: com um boleador pequeno, marque dois orifícios ovais para os olhos e preencha cada um com uma bolinha de pasta americana branca. Em seguida, coloque duas bolinhas de pasta americana marrom. Faça as pupilas com uma gotinha de corante preto.
6. Utilizando um pincel macio e corante em pó rosa-claro, marque as bochechas, colorindo as laterais do cupcake.
7. O cabelo é feito a partir de um rolinho torcido de pasta americana na cor desejada. Aqui, utilizei corante lipossolúvel marrom.
8. Para a boca, utilize a base de um bico de confeitar tradicional e pressione-a, formando um ângulo em relação ao cupcake.

Bibliografia

Comida & Cozinha: ciência e cultura da culinária
Harold Mc Gee
WMF Martins Fontes
São Paulo, 2014

Delícias do Descobrimento: a gastronomia brasileira no Século VI
Sheila Moura Hue, com a colaboração de Ângelo Augusto dos Santos e Ronaldo Menegaz
Zahar
Rio de Janeiro, 2008

Açúcar: uma sociologia do doce, com receitas de bolos e doces do Nordeste do Brasil
Gilberto Freyre
Companhia das Letras
São Paulo, 1997

Dicionário do Doceiro Brasileiro
Antonio José de Souza Rego; organização de Raul Loddy
Editora Senac
São Paulo, 2010

The Cake Bible
Rose Levy Beranbaum
HarperCollins Publishers
Nova York, 1988

Baking and Pastry: mastering the art and craft
The Culinary Institute of America
John Wiley & Sons
New Jersey, 2004

Cakewalk: Adventures in Sugar with Margaret Braun
Margaret Braun
Rizzoli
Nova York, 2001

The Elements of Dessert
Francisco Migoya
The Culinary Institute of America
John Wiley & Sons
New Jersey, 2012

The Art of the Confectioner: Sugarwork and pastillage
Ewald Notter
John Wiley & Sons
New Jersey, 2012

Sobre a autora

Otávia Sommavilla é confeiteira especializada em decoração artística de bolos e desde 2007 desenvolve projetos exclusivos para o mercado de eventos.

Fez estágios na área e cursos com mestres renomados, como Margaret Braun, Colette Peters, Alan Dunn, Maisie Parrish, Debbie Brown. Estudou confeitaria vegana no *Natural Gourmet Institute*, de Nova York.

Em parceria com a chef Morena Leite publicou o livro *Doce Brasil Bem Bolado* em 2012 e durante cinco anos foi uma das diretoras do Instituto Capim Santo, criado para capacitar jovens em risco social para o mercado de gastronomia.

Já se apresentou como chef convidada em importantes eventos literários, como a Frankfurt Buchmesse, Flip Paraty e Bienal Internacional do Livro de São Paulo.